国能神东煤炭企业文化建设系列丛书

原创力量

文艺作品篇

践行

韩浩波 主编

電子工業出版社
Publishing House of Electronics Industry
北京・BEIJING

图书在版编目（CIP）数据

践行者．原创力量：文艺作品篇 / 韩浩波主编．—北京：电子工业出版社，2023.7
（国能神东煤炭企业文化建设系列丛书）
ISBN 978-7-121-46965-7

Ⅰ．①践…　Ⅱ．①韩…　Ⅲ．①煤炭企业－企业集团－企业文化－研究－中国　Ⅳ．① F426.21

中国国家版本馆 CIP 数据核字（2024）第 001976 号

责任编辑：胡　南　李楚妍
印　　刷：中国电影出版社印刷厂
装　　订：中国电影出版社印刷厂
出版发行：电子工业出版社
　　　　　北京市海淀区万寿路 173 信箱　邮编：100036
开　　本：720×1000　1/16　印张：79　字数：1200 千字
版　　次：2023 年 7 月第 1 版
印　　次：2023 年 7 月第 1 次印刷
定　　价：500.00 元（全 5 册）

凡所购买电子工业出版社图书有缺损问题，请向购买书店调换。若书店售缺，请与本社发行部联系，联系及邮购电话：（010）88254888，88258888。

质量投诉请发邮件至 zlts@phei.com.cn，盗版侵权举报请发邮件至 dbqq@phei.com.cn。

本书咨询联系方式：010-88254210，influence@phei.com.cn，微信号：yingxianglibook。

国能神东煤炭企业文化建设系列丛书

编辑委员会

前言

文化是民族的精神命脉，文艺是时代前进的号角。

习近平总书记强调，源于人民、为了人民、属于人民，是社会主义文艺的根本立场，也是社会主义文艺繁荣发展的动力所在。

沐浴着改革开放的春风，神东人在一片荒漠上，踔厉奋发、勇毅前行，迈向了创建世界一流煤炭企业的新征程。近40年来，神东广大文艺工作者坚持与时代同步伐，与矿工同呼吸、共命运、心连心，用丰富多彩的文艺形式展现可亲、可爱、可敬的矿工形象，讲好神东故事，传递神东好声音；积极发扬中国文艺向上向善的优良传统，用有筋骨、有温度、有生命力的优秀文艺作品滋养神东的精神家园，丰富矿工的精神世界；用心用情打造煤海“乌兰牧骑”、煤海“董士情”文化品牌，为矿井记录、为矿区抒情、为矿工放歌，使更多“春天的故事”谱写在塞北高原、煤炭小镇上，让文艺的百花园永远为矿工绽放。

“国能神东煤炭企业文化建设系列丛书”之《原创力量——文艺作品篇》分“神东精神代代传”“社会主义是干出来的”“与安全同行”“我的神东我的家”4个部分，共收录自1985年开发建设以来神东文艺工作者、各单位文艺骨干、文化志愿者自编、自导、自演的原创歌曲、优秀语言类作品、情景剧等94部文艺作品。

本作品集以图文并茂的形式，从不同角度展现煤矿工人苦干实干的良好形象，展示煤炭工业现代化进程，讴歌神东创新驱动绿色发展、领跑煤炭行业发展的突出业绩；用艺术的方式、优秀的作品唱响神东人爱党爱国、砥砺奋进、积极向上的良好形象，更好地弘扬神东精神，传播神东声音。期待神东广大文艺工作者能持续心系神东发展，坚守人民立场，坚持守正创新，坚持弘扬正道，在追求德艺双馨中成就人生价值，让神东精神的灯火在新时代煤海文艺高峰上闪耀！

编者

2023年7月

目 录

01 神东精神代代传

002 | 原创情景剧:《神东人　神东魂》
003 | 原创语言类作品:《岗位上的新年》
004 | 原创歌曲:《矿工兄弟》
007 | 原创歌曲:《神东精神代代传》
010 | 原创歌曲:《决不放弃》
013 | 原创歌曲:《大家一起来》
015 | 原创歌曲:《神东》
019 | 原创歌曲:《我们出发》
023 | 原创歌曲:《神东　神东》
025 | 原创歌曲:《风雨一家亲》
028 | 原创歌曲:《寻找》
030 | 原创歌曲:《采煤人》
033 | 原创歌曲:《我的神东我的爱》
037 | 原创歌曲:《我们是神东的荣光》
041 | 原创歌曲:《廉政之歌》

02 社会主义是干出来的

044 原创语言类作品：《就地过年》
045 原创情景剧：《神东记忆》
046 原创语言类作品：《阳光班组的故事》
047 原创语言类作品：《矿工加速度》
048 原创歌曲：《我们是创新创造的奋斗者》
052 原创歌曲：《让我们为爱加油》
055 原创歌曲：《圆梦新征程》
057 原创歌曲：《煤海启航再出发》
061 原创歌曲：《我们同在》
063 原创歌曲：《青春最美是奋斗路上》
065 原创歌曲：《中华是你我心中的最爱》
067 原创歌曲：《全民战疫歌》
070 原创歌曲：《无惧无畏》
072 原创歌曲：《天使柔情》
074 原创歌曲：《忘不了》
076 原创歌曲：《光》
078 原创歌曲：《信仰的坚守》
080 原创歌曲：《神东脚步　中国速度》
082 原创歌曲：《老周的手》
084 原创歌曲：《社会主义是干出来的》
086 原创歌曲：《咱们神东人》
088 原创歌曲：《创百年神东》
090 原创歌曲：《今天的神东人》
092 原创歌曲：《神东人，干！》
094 原创歌曲：《让爱见证》

03 与安全同行

098 | 原创语言类作品:《生命无价》

099 | 原创语言类作品:《井下班中餐》

100 | 原创语言类作品:《这个班这些年》

101 | 原创歌曲:《安全宣誓歌》

104 | 原创歌曲:《神东班组建设之歌》

107 | 原创歌曲:《班组一家亲》

109 | 原创歌曲:《我为你歌唱》

111 | 原创歌曲:《安全为天》

113 | 原创歌曲:《大柳塔煤矿的风采》

117 | 原创歌曲:《平安是福》

119 | 原创歌曲:《平安上湾》

121 | 原创歌曲:《平安神东》

123 | 原创歌曲:《维修人之歌》

125 | 原创歌曲:《健康神东一起来》

04 我的神东我的家

128 | 原创歌曲:《神东风采》

131 | 原创歌曲:《最爱大陕北》

133 | 原创歌曲:《忆陕北》

136 | 原创歌曲:《信箱情》

138 | 原创歌曲:《幸福相约》
140 | 原创歌曲:《人民就是江山》
142 | 原创歌曲:《不负所爱》
144 | 原创歌曲:《内蒙古》
146 | 原创歌曲:《神东伴我走》
148 | 原创歌曲:《神东恋》
152 | 原创歌曲:《神东最美》
154 | 原创歌曲:《神东情歌》
156 | 原创歌曲:《爱在神东》
158 | 原创歌曲:《可爱的矿工》
160 | 原创歌曲:《神东　我爱你》
162 | 原创歌曲:《煤海的梦》
165 | 原创歌曲:《我的神东我自豪》
167 | 原创歌曲:《啊　神东》
169 | 原创歌曲:《神东飞歌》
171 | 原创歌曲:《太阳石之子》
173 | 原创歌曲:《乌兰木伦河的三十年》
177 | 原创歌曲:《神东之夜》
179 | 原创歌曲:《美丽煤城》
181 | 原创歌曲:《大美神东》
183 | 原创歌曲:《光荣的神东》
187 | 原创歌曲:《最亮的光》
189 | 原创歌曲:《神东之歌》
191 | 原创歌曲:《我们的名字叫神东》

05 精品舞蹈欣赏

194 | 精品舞蹈节目:《绿水青山美》
195 | 精品舞蹈节目:《影子舞》
196 | 精品舞蹈节目:《红湖雁归来》
197 | 精品舞蹈节目:《鼓舞神东》
198 | 精品舞蹈节目:《神东之恋》
199 | 精品舞蹈节目:《花式篮球》
200 | 精品舞蹈节目:《中国式过马路》
201 | 精品舞蹈节目:《飞天》
202 | 精品舞蹈节目:《领跑者》
203 | 精品舞蹈节目:《走出沼泽》
204 | 精品舞蹈节目:《和谐神东美家园》
205 | 精品舞蹈节目:《神东铁军》

207 | 后记

01

神东精神代代传

30多年筚路蓝缕，栉风沐雨孕育形成了“艰苦奋斗、开拓务实、争创一流”的神东精神，这是神东宝贵的精神财富，更是神东企业文化的精髓和原动力。正是靠着这种精神的激励，一代又一代神东人战胜了难以想象的困难，走出了一条煤炭企业科学发展的成功之路，不断书写煤炭企业发展的新篇章。

“神东精神代代传”篇章共收录《神东人 神东魂》《决不放弃》等15个原创作品，用文艺传播的形式，让神东精神生生不息，代代相传。

原创情景剧：《神东人　神东魂》

编创人员

韩浩波、常晓莹、孙劲夫、李晓光、薛岗、崔俊春、石圪台煤矿“矿工先生”情景剧创作组

原创情景剧

图片来源：国能神东煤炭新闻中心

作品简介

《神东人　神东魂》由企业文化中心员工、矿区文艺爱好者、文化志愿者共117人自编、自导、自演。该剧以雄壮磅礴的气势和气吞山河的壮阔，谱写了煤海拓荒人在中国共产党的领导下不畏艰难险阻、不断开拓进取，以战天斗地的英勇顽强精神在风沙肆虐的黄土高原上建立起一座现代化煤都的壮丽史诗。该作品展现了中国矿工、神东铁军迈进新时代，深入践行习近平总书记“社会主义是干出来的”伟大号召和“一个革命、四个合作”的能源安全新战略，继续谱写能源行业创新驱动发展的决心和豪迈。该作品先后在榆林市“奋斗百年路 启航新征程”大型群众广场文艺晚会、“永远跟党走——榆林市庆祝中国共产党成立100周年走进神东矿区”群众广场文艺晚会上展演。

原创语言类作品:《岗位上的新年》

编创人员

崔俊春、石圪台煤矿“矿工先生”情景剧创作组、李晓光、薛岗

图片来源：国能神东煤炭新闻中心

作品简介

《岗位上的新年》由职工自编、自导、自演。作品是在2022年春节期间精准防疫的特殊时期和生产保供的关键时刻，积极倡导就地过年理念的背景下创作的精品节目，传递了神东人就地过年、奋战生产一线的价值和意义。作品在2022年“领航新时代 创业再出发”网络春节联欢晚会上展演。

原创歌曲:《矿工兄弟》

图片来源:北京电视台

作品简介

《矿工兄弟》以神东矿工工作生活故事为主线，以井下生产、团队协作、家庭关怀为背景展开，勾勒出了矿工对工作的热爱，以及家庭和谐幸福的温馨画卷，诠释了新时代矿工有血有肉的家国情怀和无私奉献的崇高品质。该作品于2018年12月，代表国家能源集团参与国资委宣传局、北京卫视联合举办的《放歌新时代——中央企业音乐作品特别节目》录制并展播。作品荣获2016年国务院国资委主办的中央企业“国企好声音”优秀奖、2019年中国煤矿文化艺术联合会主办的“中国煤矿艺术节”比赛优秀煤矿题材原创歌曲奖、神东2016年“新歌唱神东”主题原创歌曲征集三等奖，2022年中国文化管理协会“第九届最美企业之声”金奖代言作品，并多次在公司主题文艺演出中展演。

矿工兄弟

李晓光 词
李晓光 曲

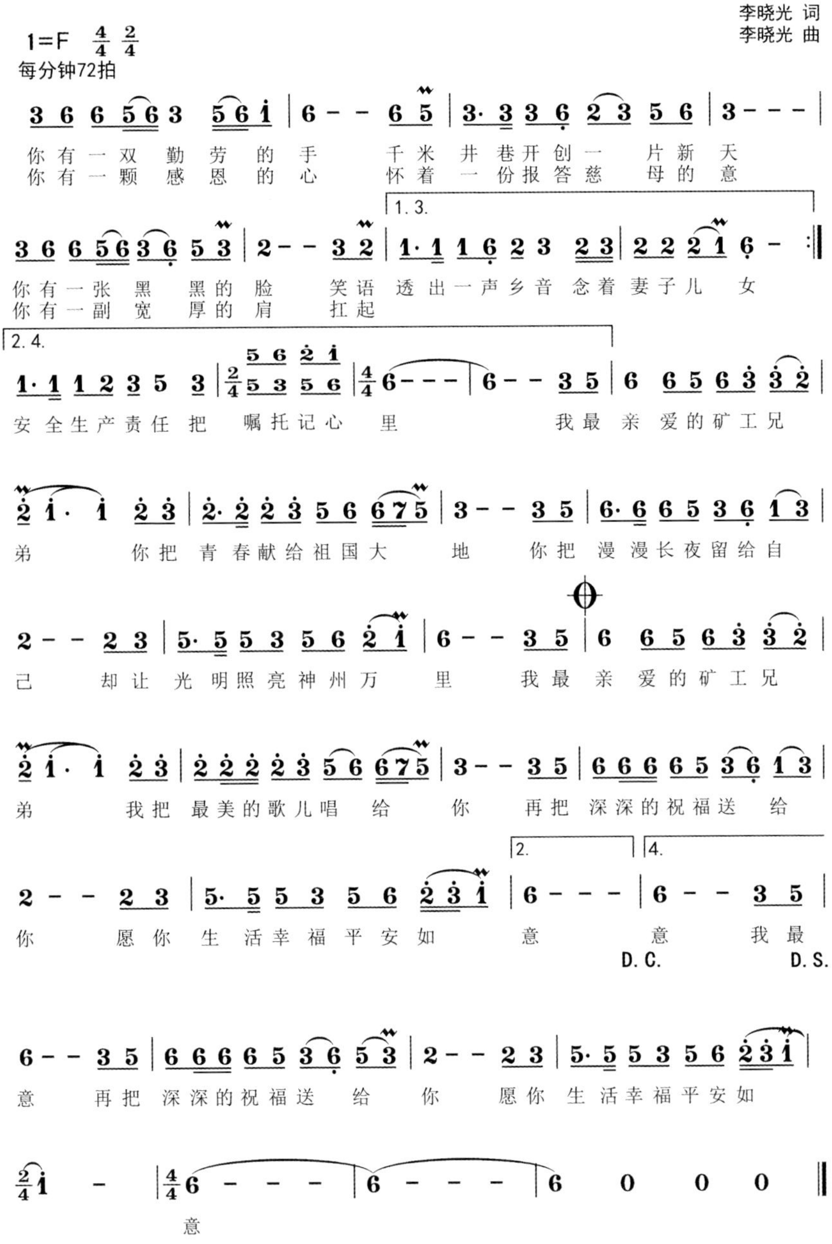

1=F 4/4 2/4
每分钟72拍

你有一双勤劳的手 千米井巷开创一片新天
你有一颗感恩的心 怀着一份报答慈母的意

你有一张黑黑的脸 笑语透出一声乡音 念着妻子儿女
你有一副宽厚的肩 扛起

安全生产责任把 嘱托记心里 我最亲爱的矿工兄

弟 你把青春献给祖国大地 你把漫漫长夜留给自

己 却让光明照亮神州万里 我最亲爱的矿工兄

弟 我把最美的歌儿唱给你 再把深深的祝福送给

你 愿你生活幸福平安如意 意 我最

D.C. D.S.

意 再把深深的祝福送给你 愿你生活幸福平安如

意

矿工兄弟

李晓光 词
李晓光 曲

♩ = 72
你有一双勤劳的手 千米井巷开创一片新天
你有一颗感恩的心 怀着一份报答慈母的意
1. 3.
你有一张黑黑的脸 笑语透出一声乡音 念着妻子儿女
你有一副宽厚的肩 扛起
2. 4.
安全生产责任把嘱托记心里 我最亲爱的矿工兄
弟 你把青春献给祖国大地 你把漫漫长夜留给自
己 却让光明照亮神州万里 我最亲爱的矿工兄
弟 我把最美的歌儿唱给你 再把深深的祝福送给
你 愿你生活幸福平安如
2.
意 D. C.
4.
意 我最 D. S.
意 再把深深的祝福送给你 愿你生活幸福平安如
意

原创歌曲：《神东精神代代传》

图片来源：国能神东煤炭新闻中心

作品简介

《神东精神代代传》以神东父子两代矿工为主线，充分展现了神东人对“艰苦奋斗、开拓务实、争创一流”神东精神生生不息的传承，彰显了神东人砥砺奋进、追求卓越的精神风采，反映了神东人的自豪感与主人翁的自信姿态。作品荣获2016年中国文化管理协会“最美企业之声”金奖、神东2016年“新歌唱神东”主题原创歌曲征集三等奖，多次在公司各类文艺演出中展演。

神东精神代代传

吴　伟　词
李晓光　曲

1=♭E $\frac{4}{4}$
每分钟68拍

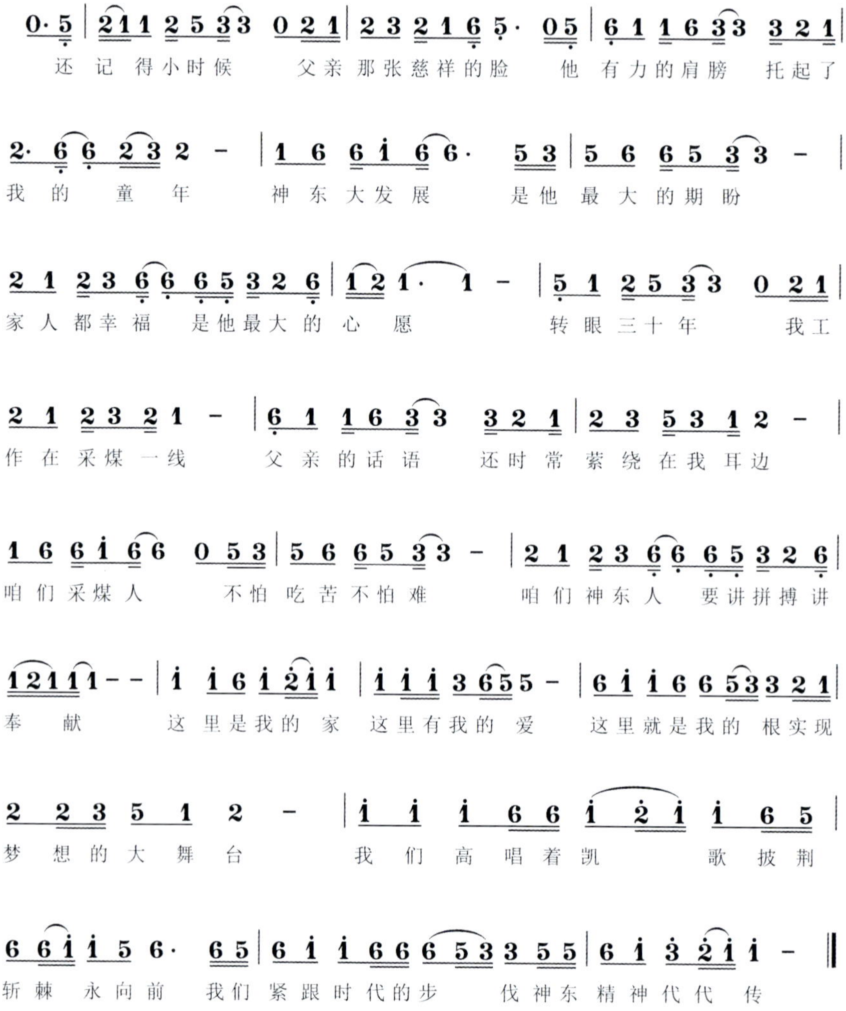

还记得小时候　父亲那张慈祥的脸　他有力的肩膀　托起了
我的童年　神东大发展　是他最大的期盼
家人都幸福　是他最大的心愿　转眼三十年　我工
作在采煤一线　父亲的话语　还时常萦绕在我耳边
咱们采煤人　不怕吃苦不怕难　咱们神东人　要讲拼搏讲
奉献　这里是我的家　这里有我的爱　这里就是我的根实现
梦想的大舞台　我们高唱着凯歌披荆
斩棘永向前　我们紧跟时代的步伐神东精神代代传

神东精神代代传

吴 伟 词
李晓光 曲

原创歌曲：《决不放弃》

图片来源：国能神东煤炭企业文化中心

作品简介

《决不放弃》以神东救援故事为创作内容，充分展现了神东救援人员不畏艰险、敢于拼搏、连续作战的精神，奏响了神东坚决扛起央企责任、地企和谐一家亲的主旋律。作品荣获神东2018年“赞美祖国、放歌神东”主题原创歌曲征集二等奖，多次在公司主题文艺演出中展演。

决不放弃

常晓莹 词
李晓光 曲

1=E $\frac{4}{4}$ $\frac{2}{4}$

每分钟72拍

当 梦 想 脆弱成一丝光 线 被 暗夜 吞没在 无尽深渊 当
让 昨 天 定格在温暖画 面 用 坚强 向苦难 笑着再见 让

生 命 只剩下一场梦 魇 被 现实 击碎后 难以还 原 别
誓 言 去见证沧海桑 田 用 真心 去浇灌 爱的荒 原 别

哭 泣 有个声 音在呼 唤 要 相 信 希望从未远 离 别

忘 记 那些期 盼 的容 颜 让 自 己 坚守信 念

决 不放 弃 要 成 功就得努 力 顶 天立 地 用 信 仰 创 造奇 迹

转1=F

决 不放弃 哪怕 再 大的风雨 坚 持到 底 才会胜 利

D. C. D. S.

坚 持 到 底 才 会 胜 利

决不放弃

常晓莹 词
李晓光 曲

♩ = 72
当 梦 想 脆弱成一丝光 线 被 暗夜吞没在 无尽深 渊 当
让 昨 天 定格在温暖画 面 用 坚强向苦难 笑着再 见 让
5
生 命 只剩下一场梦 魇 被 现实击碎后 难以还 原 别
誓 言 去见证沧海桑 田 用 真心去浇灌 爱的荒 原 别
9
哭 泣 有个声音在呼 唤 要 相 信 希望从未远 离 别
13
忘 记 那些期盼的容 颜 让 自 己 坚守信 念
17
决 不放 弃 要成 功就得努 力 顶 天立 地 用 信仰创造奇 迹
21
决 不放弃 哪怕 再 大的风雨 坚 持到 底 才会胜 利
D. C. D. S.
25
坚 持 到 底 才会 胜 利

原创歌曲：《大家一起来》

作品简介

歌曲彰显了中华儿女团结一心，为实现中国梦自强不息、勇敢拼搏的民族精神，体现了央企员工爱岗敬业、无私奉献的责任感和使命感，弘扬奉献、友爱、互助、进步的志愿精神，践行社会主义核心价值观，激励大家为民族复兴奉献自己的青春力量。歌曲获得2016年国务院国资委主办的“央企志愿者之歌”三等奖。

大家一起来

1=D $\frac{2}{4}$

每分钟90拍

李晓光 词
李晓光 曲

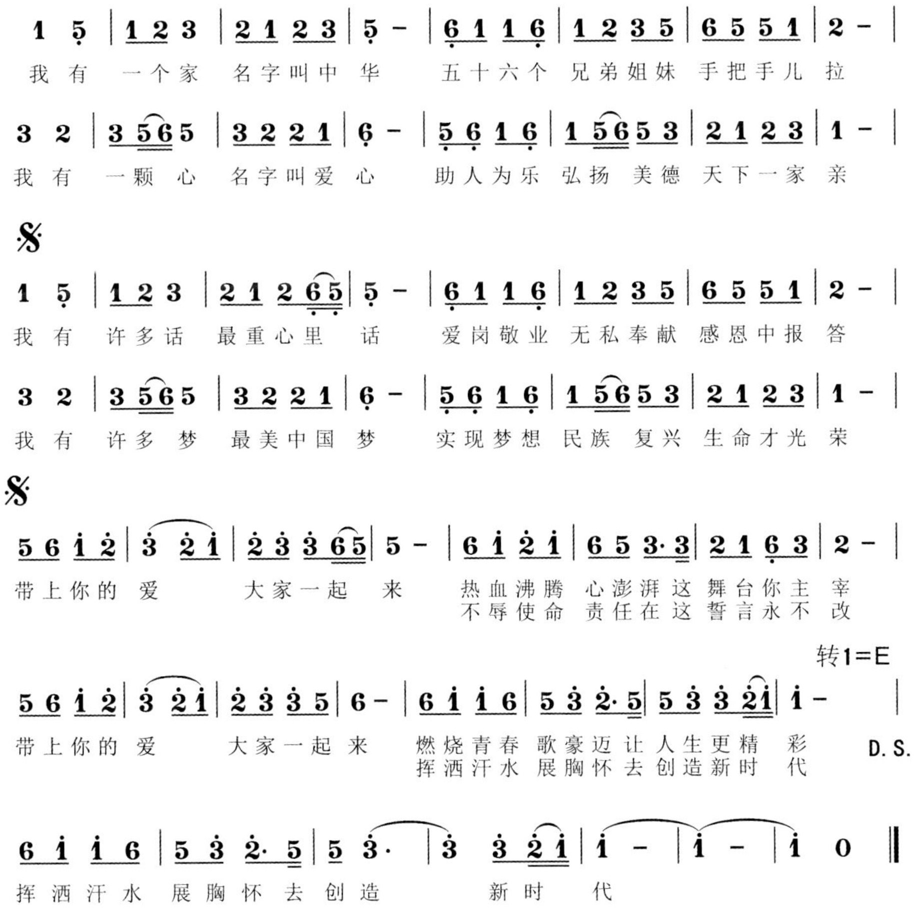

1 5 | 1 2 3 | 2 1 2 3 | 5 - | 6 1 1 6 | 1 2 3 5 | 6 5 5 1 | 2 - |

我 有 一 个 家 名 字 叫 中 华 五 十 六 个 兄 弟 姐 妹 手 把 手 儿 拉

3 2 | 3 5 6 5 | 3 2 2 1 | 6 - | 5 6 1 6 | 1 5 6 5 3 | 2 1 2 3 | 1 - |

我 有 一 颗 心 名 字 叫 爱 心 助 人 为 乐 弘 扬 美 德 天 下 一 家 亲

𝄋

1 5 | 1 2 3 | 2 1 2 6 5 | 5 - | 6 1 1 6 | 1 2 3 5 | 6 5 5 1 | 2 - |

我 有 许 多 话 最 重 心 里 话 爱 岗 敬 业 无 私 奉 献 感 恩 中 报 答

3 2 | 3 5 6 5 | 3 2 2 1 | 6 - | 5 6 1 6 | 1 5 6 5 3 | 2 1 2 3 | 1 - |

我 有 许 多 梦 最 美 中 国 梦 实 现 梦 想 民 族 复 兴 生 命 才 光 荣

𝄋

5 6 1 2 | 3 2 1 | 2 3 3 6 5 | 5 - | 6 1 2 1 | 6 5 3·3 | 2 1 6 3 | 2 - |

带 上 你 的 爱 大 家 一 起 来 热 血 沸 腾 心 澎 湃 这 舞 台 你 主 宰
不 辱 使 命 责 任 在 这 誓 言 永 不 改

转1=E

5 6 1 2 | 3 2 1 | 2 3 3 5 | 6 - | 6 1 1 6 | 5 3 2·5 | 5 3 3 2 1 | 1 - |

带 上 你 的 爱 大 家 一 起 来 燃 烧 青 春 歌 豪 迈 让 人 生 更 精 彩 D.S.
挥 洒 汗 水 展 胸 怀 去 创 造 新 时 代

6 1 1 6 | 5 3 2· 5 | 5 3· | 3 3 2 1 | 1 - | 1 - | 1 0 ‖

挥 洒 汗 水 展 胸 怀 去 创 造 新 时 代

大家一起来

李晓光 词
李晓光 曲

♩= 90
我 有 一个家 名字叫中 华 五十六个 兄弟姐妹 手把手儿 拉
我 有 一颗 心 名字叫爱 心 助人为乐 弘扬 美德 天下一家 亲
我 有 许多话 最重心里 话 爱岗敬业 无私奉献 感恩中报 答
我 有 许多 梦 最美中国 梦 实现梦想 民族 复兴 生命才光 荣
带上你的 爱 大家一起 来 热血沸腾 心澎湃这 舞台你主 宰
带上你的 爱 大家一起 来 不辱使命 责任在这 誓言永不 改
带上你的 爱 大家一起 来 燃烧青春 歌豪迈让 人生更精 彩
带上你的 爱 大家一起 来 挥洒汗水 展胸怀去 创造新时 代
D. S.
挥洒汗水 展胸怀去 创造 新时 代

原创歌曲：《神东》

作品简介

神东大型纪录片《神东之路》主题曲。荣获神东2016年“新歌唱神东”主题原创歌曲征集三等奖。

神 东

宋占涛　红料 词
王宝 曲

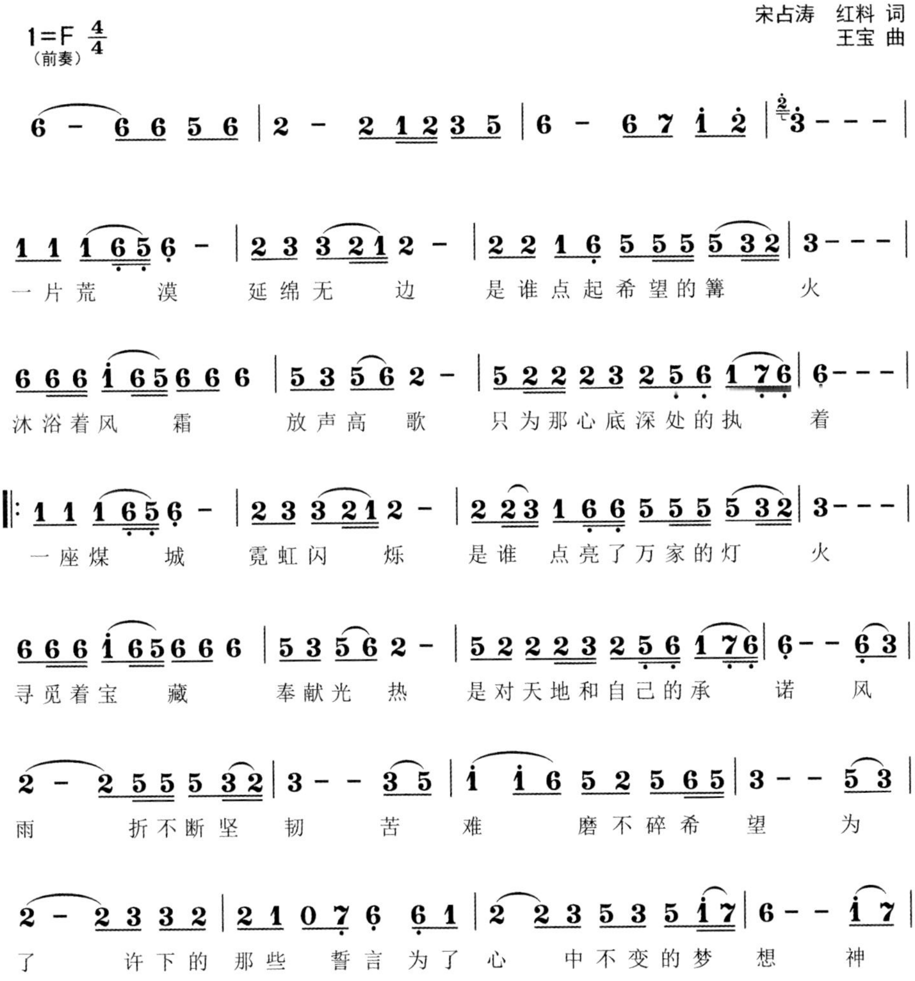

1=F $\frac{4}{4}$
（前奏）

一片荒漠 延绵无边 是谁点起希望的篝火

沐浴着风霜 放声高歌 只为那心底深处的执着

一座煤城 霓虹闪烁 是谁点亮了万家的灯火

寻觅着宝藏 奉献光热 是对天地和自己的承诺 风

雨 折不断坚韧 苦难 磨不碎希望 为

了 许下的那些 誓言 为了心 中不变的梦想 神

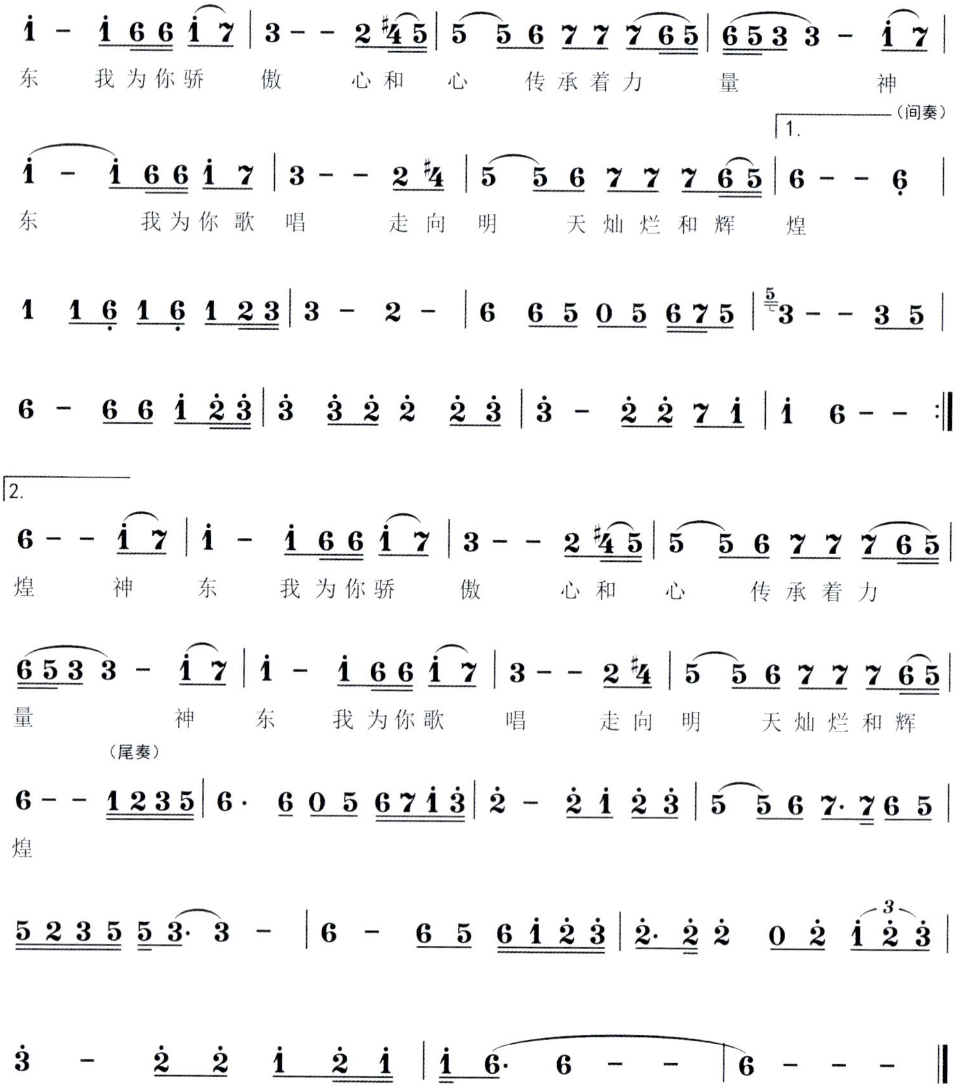

东 我为你骄 傲 心和 心 传承着力 量 神

（间奏）

1.

东 我为你歌 唱 走向 明 天灿烂和辉 煌

2.

煌 神 东 我为你骄 傲 心和 心 传承着力

量 神 东 我为你歌 唱 走向 明 天灿烂和辉

（尾奏）

煌

神 东

宋占涛 红料 词
王宝 曲
（前奏）
一片荒漠 延绵无边 是谁点起希望的篝火
沐浴着风霜 放声高歌 只为那心底深处的执着
一座煤城 霓虹闪烁 是谁 点亮了万家的灯火
寻觅着宝藏 奉献光热 是对天地和自己的承诺 风
雨 折不断坚韧 苦难 磨不碎希望 为
了 许下的那些 誓言 为了心 中不变的梦想 神
东 我为你骄傲 心和心 传承着力量 神

33
（间奏）
1.
东 我为你歌 唱 走向 明 天灿烂和辉 煌
37
41
45
2.
煌 神 东 我为你骄 傲 心和 心 传承着力
49
量 神 东 我为你歌 唱 走向 明 天灿烂和辉
53
（尾奏）
煌
57
3
60

原创歌曲：《我们出发》

作品简介

作品在2017年榆林春晚、神东2021年“建党百年展芳华 二次创业再出发”，以及2020年度煤海巾帼颁奖典礼演出。

我们出发

白奎 词
凉月 曲

1=G 4/4
每分钟132拍

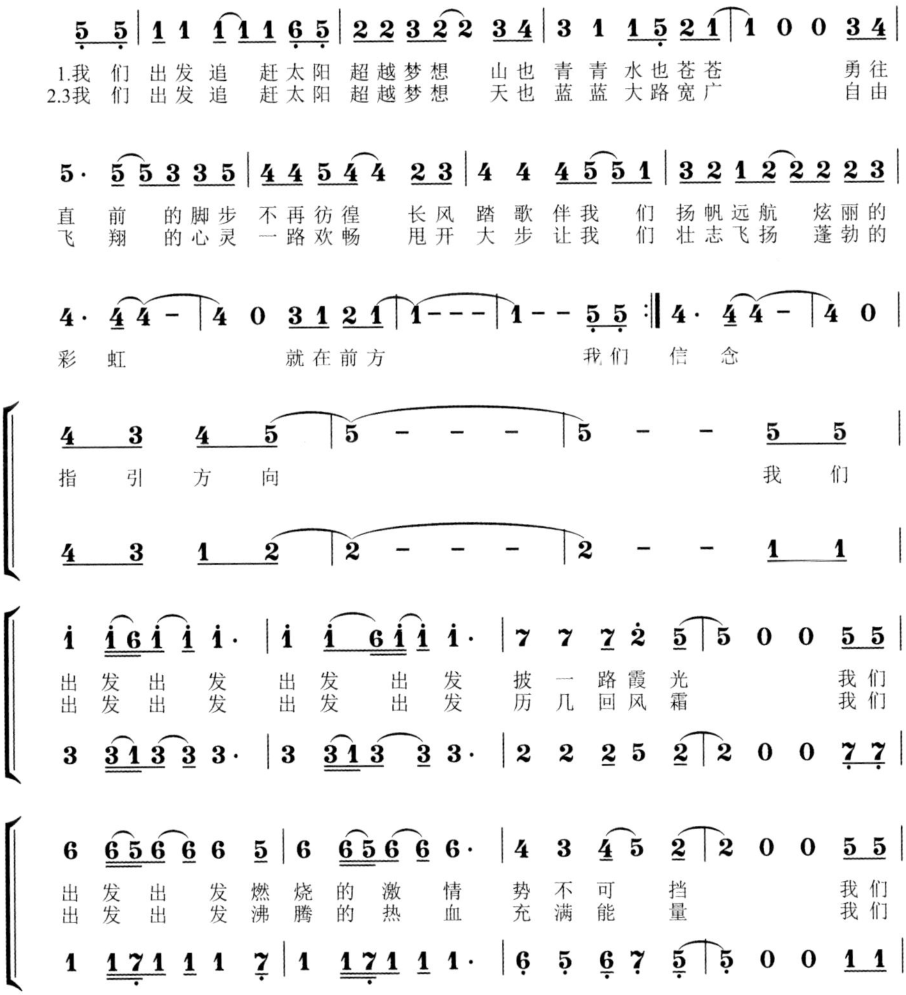

1.我 们 出发 追 赶太阳 超越梦想 山也 青 青 水也苍苍 勇往
2.3我 们 出发 追 赶太阳 超越梦想 天也 蓝 蓝 大路宽广 自由

直 前 的脚步 不再彷徨 长风 踏 歌 伴我 们 扬帆远航 炫丽的
飞 翔 的心灵 一路欢畅 甩开 大 步 让我 们 壮志飞扬 蓬勃的

彩 虹 就在前方 我们 信 念

指 引 方 向 我 们

出发出 发 出发 出 发 披 一 路霞 光 我们
出发出 发 出发 出 发 历 几 回风 霜 我们

出发出 发燃 烧 的 激 情 势 不 可 挡 我们
出发出 发沸 腾 的 热 血 充 满 能 量 我们

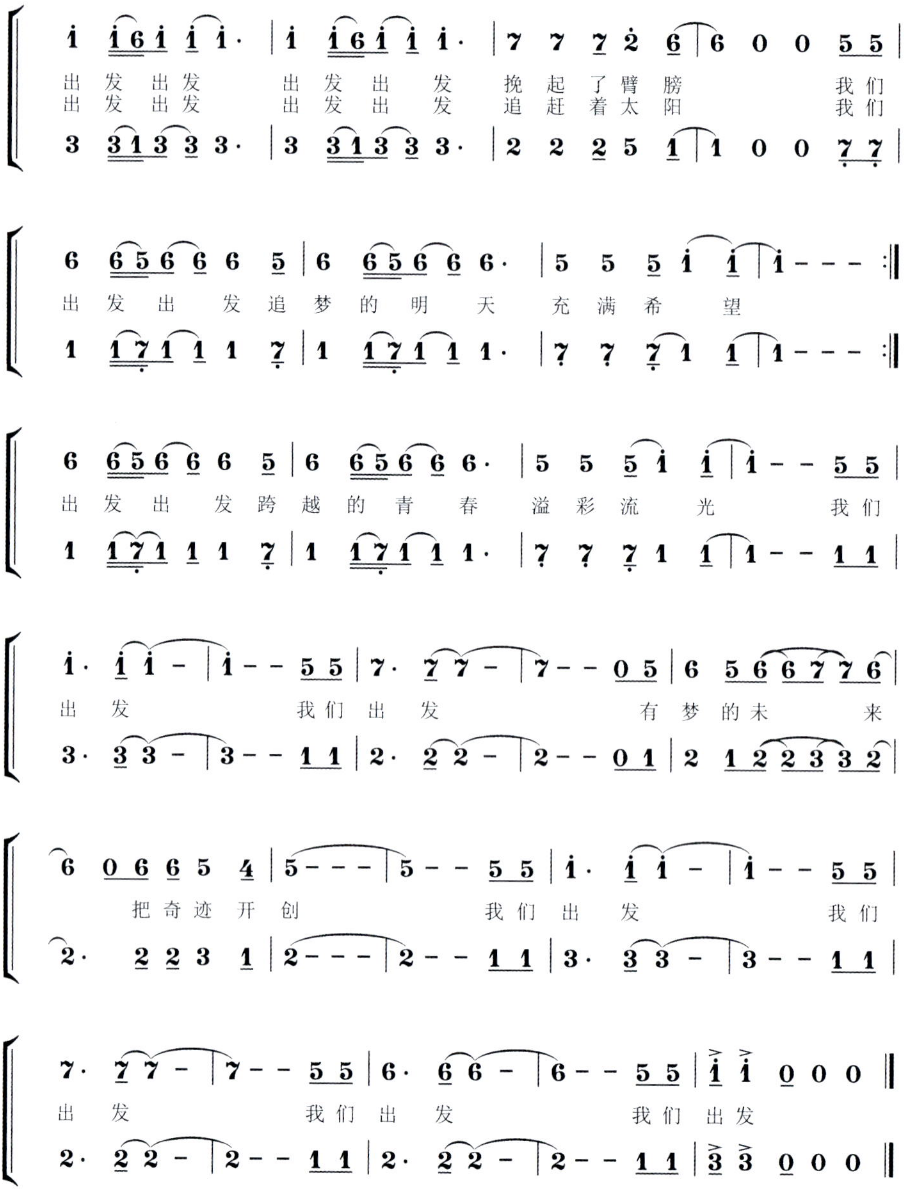

出 发 出 发 出 发 出 发 挽 起 了 臂 膀 我 们
出 发 出 发 出 发 出 发 追 赶 着 太 阳 我 们

出 发 出 发 追 梦 的 明 天 充 满 希 望

出 发 出 发 跨 越 的 青 春 溢 彩 流 光 我 们

出 发 我 们 出 发 有 梦 的 未 来

把 奇 迹 开 创 我 们 出 发 我 们

出 发 我 们 出 发 我 们 出 发

我们出发

白奎 词
凉月 曲

♩ = 132
1.我 们 出发 追 赶太阳 超越梦想 山也 青 青 水也苍苍 勇往
2.3我 们 出发 追 赶太阳 超越梦想 天也 蓝 蓝 大路宽广 自由
直 前 的脚步 不再彷徨 长风 踏 歌 伴我 们 扬帆远航 炫丽的
飞 翔 的心灵 一路欢畅 甩开 大 步 让我 们 壮志飞扬 蓬勃的
彩 虹 就在前方 我们 信 念
指 引 方 向 我 们
出 发 出 发 出 发 出 发 披 一 路 霞 光 我 们
出 发 出 发 出 发 出 发 历 几 回 风 霜 我 们
出 发 出 发 燃 烧 的 激 情 势 不 可 挡 我 们
出 发 出 发 沸 腾 的 热 血 充 满 能 量 我 们

25
出 发 出发 出 发 出 发 挽 起 了 臂 膀 我 们
出 发 出发 出 发 出 发 追 赶 着 太 阳 我 们
29
出 发 出 发 追 梦 的 明 天 充 满 希 望
出 发 出 发 跨 越 的 青 春 溢 彩 流 光 我 们
出 发 我 们 出 发 有 梦 的 未 来
把 奇 迹 开 创 我 们 出 发 我 们
出 发 我 们 出 发 我 们 出 发

原创歌曲:《神东　神东》

作品简介

作品荣获神东2016年“新歌唱神东”主题原创歌曲征集一等奖。

神东　神东

1=F　$\frac{3}{8}$

喜悦激情地　圆舞曲速度

徐怀亮 词

贺继成 曲

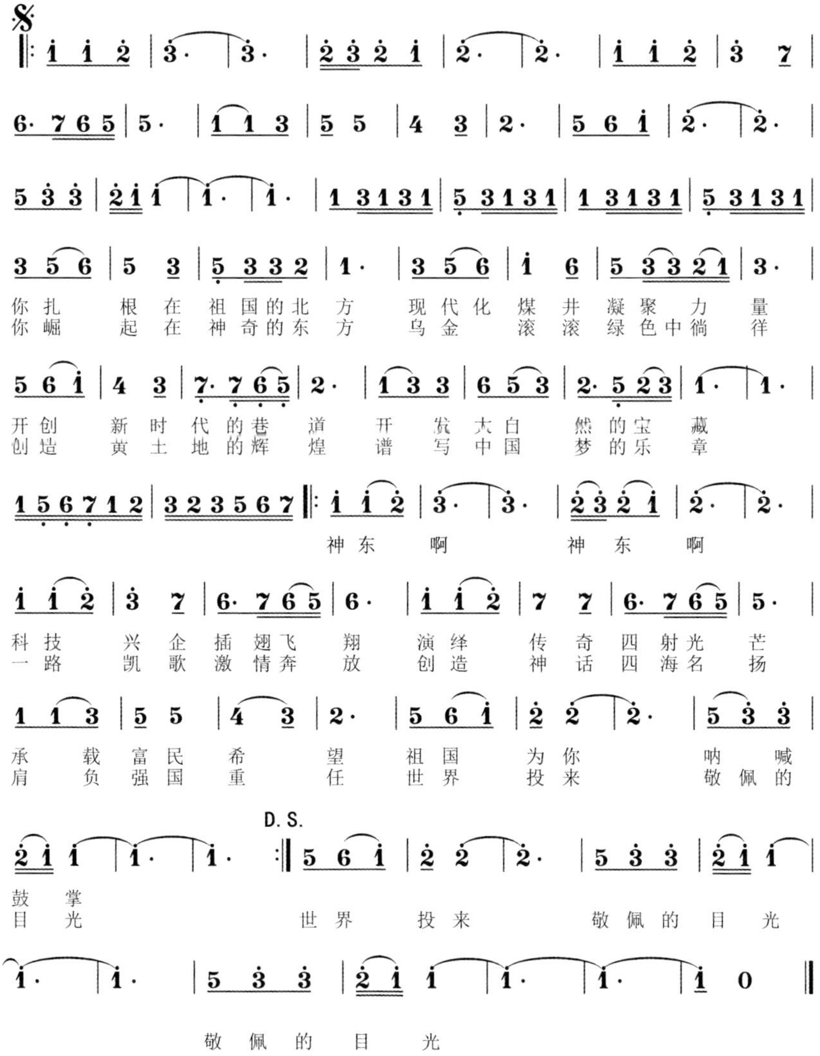

你扎根在祖国的北方　现代化煤井凝聚力量

你崛起在神奇的东方　乌金滚滚绿色中徜徉

开创新时代的巷道　开发大自然的宝藏

创造黄土地的辉煌　谱写中国梦的乐章

神东啊　神东啊

科技兴企插翅飞翔　演绎传奇四射光芒

一路凯歌激情奔放　创造神话四海名扬

承载富民希望　祖国为你　呐喊

肩负强国重任　世界投来　敬佩的

鼓掌

目光

D.S.

世界投来　敬佩的目光

敬佩的目光

神东　神东

徐怀亮 词
贺继成 曲

喜悦激情地　圆舞曲速度
你扎根在祖国的北方 现代化煤井凝聚力量
你崛起在神奇的东方 乌金滚滚绿色中徜徉
开创新时代的巷道 开发大自然的宝藏
创造黄土地的辉煌 谱写中国梦的乐章
神东啊 神东啊
神东啊 神东啊
科技兴企插翅飞翔 演绎传奇四射光芒
一路凯歌激情奔放 创造神话四海名扬
承载富民希望 祖国为你呐喊
肩负强国重任 世界投来敬佩的
鼓掌
目光
D. S.
世界投来 敬佩的目光
敬佩的目光

原创歌曲：《风雨一家亲》

原创歌曲

图片来源：国能神东煤炭企业文化中心

作品简介

《风雨一家亲》以神东参与2018年“绥德、子洲”两县抗洪救灾为创作内容，反映了神东人“特别能吃苦、特别能战斗、特别能奉献”的良好形象和心系人民的浓厚家国情怀，体现了神东积极履行社会责任的央企担当。

风雨一家亲

高会武 词
冯晓荣 曲

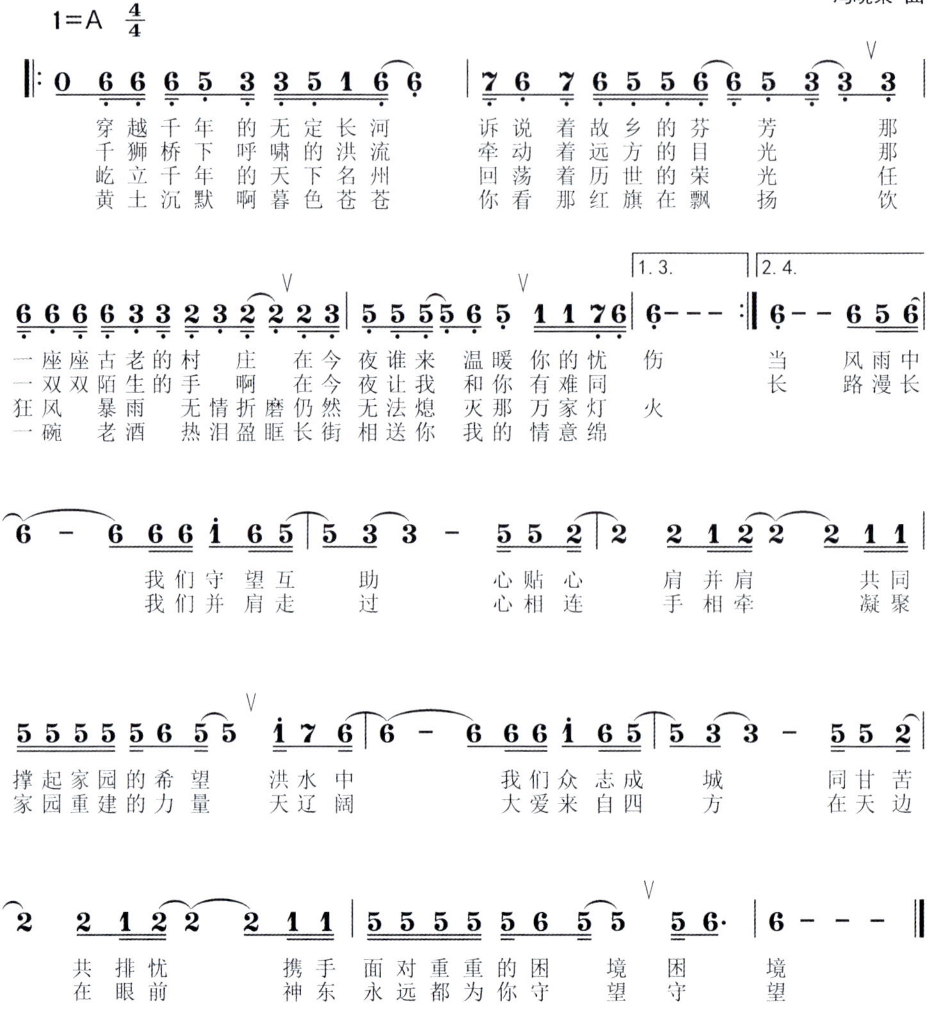

1=A $\frac{4}{4}$

穿越千年的无定长河 诉说着故乡的芬芳 那
千狮桥下呼啸的洪流 牵动着远方的目光 那
屹立千年的天下名州 回荡着历世的荣光 任
黄土沉默啊暮色苍苍 你看那红旗在飘扬 饮

一座座古老的村庄 在今夜谁来温暖你的忧伤 当 风雨中
一双双陌生的手 啊 在今夜让我和你有难同 长 路漫长
狂风 暴雨 无情折磨仍然无法熄灭那万家灯火
一碗 老酒 热泪盈眶长街相送你 我的情意绵

我们守望互助 心贴心 肩并肩 共同
我们并肩走过 心相连 手相牵 凝聚

撑起家园的希望 洪水中 我们众志成城 同甘苦
家园重建的力量 天辽阔 大爱来自四方 在天边

共排忧 携手面对重重的困境 困境
在眼前 神东永远都为你守望 守望

风雨一家亲

高会武 词
冯晓荣 曲

穿越千年的无定长河 诉说着故乡的芬芳 那
千狮桥下呼啸的洪流 牵动着远方的目光 那
屹立千年的天下名州 回荡着历世的荣光 任
黄土沉默啊暮色苍苍 你看那红旗在飘扬 饮
一座座古老的村庄 在今夜谁来温暖你的忧
一双双陌生的手啊 在今夜让我和你有难同
狂风暴雨无情折磨 仍然无法熄灭那万家灯
一碗老酒热泪盈眶 长街相送你我的情意绵
1. 3.
伤
火
2. 4.
当
长
风雨中
路漫长
我们守望互助 心贴心
我们并肩走过 心相连
肩并肩 共同撑起家园的希望 洪水中
手相牵 凝聚家园重建的力量 天辽阔
我们众志成城 同甘苦
大爱来自四方 在天边
共排忧 携手面对重重的困境 困境
在眼前 神东永远都为你守望 守望

原创歌曲:《寻找》

作品简介

微电影《寻找好人》主题曲。作品主要反映了中国好人高利兵的事迹。

寻 找

高会武 词
邵 绍 曲

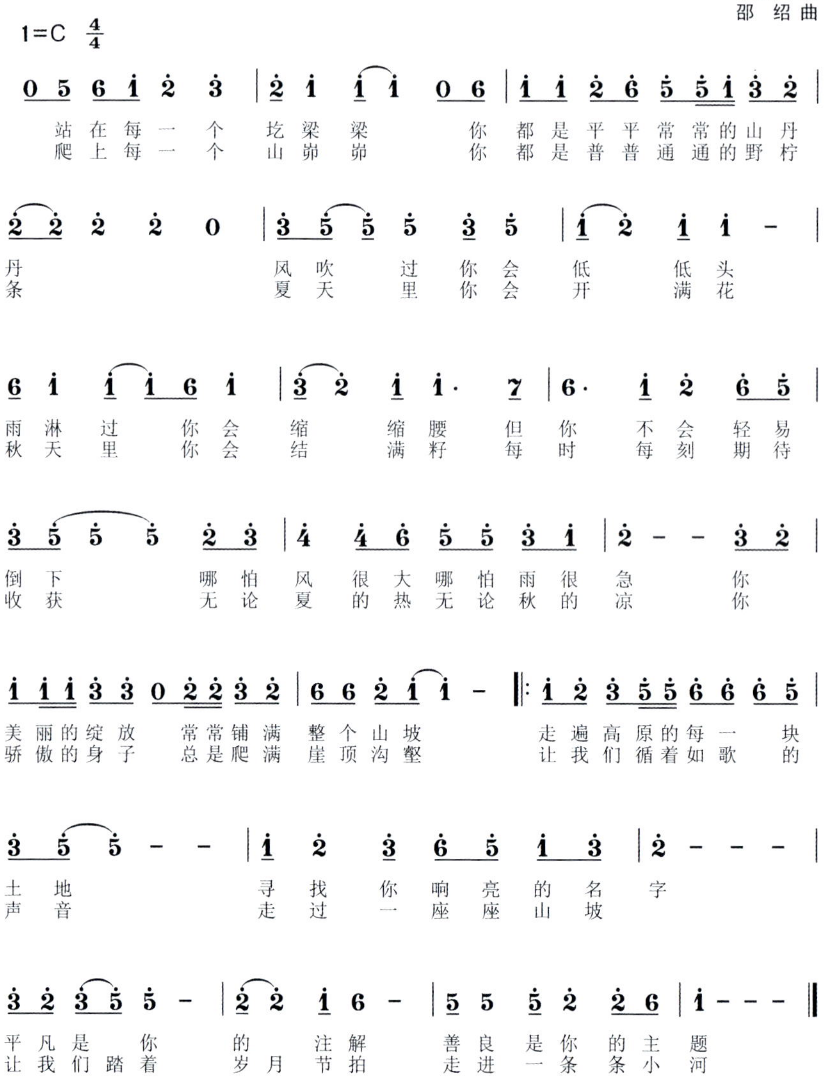

1=C 4/4

```
0 5 6 i 2 3 | 2 i i 0 6 | i i 2 6 5 5 i 3 2 |
站 在 每 一 个 圪 梁 梁    你 都 是 平 平 常 常 的 山 丹
爬 上 每 一 个 山 峁 峁    你 都 是 普 普 通 通 的 野 柠

2 2 2 2 0 | 3 5 5 5 3 5 | i 2 i i - |
丹        风 吹 过 你 会 低 低 头
条        夏 天 里 你 会 开 满 花

6 i i i 6 i | 3 2 i i. 7 | 6. i 2 6 5 |
雨 淋 过 你 会 缩 缩 腰 但 你 不 会 轻 易
秋 天 里 你 会 结 满 籽 每 时 每 刻 期 待

3 5 5 5 2 3 | 4 4 6 5 5 3 1 | 2 - - 3 2 |
倒 下      哪 怕 风 很 大 哪 怕 雨 很 急    你
收 获      无 论 夏 的 热 无 论 秋 的 凉    你

i i i i 3 3 0 2 2 3 2 | 6 6 2 i i - ‖: i 2 3 5 5 6 6 6 5 |
美 丽 的 绽 放 常 常 铺 满 整 个 山 坡    走 遍 高 原 的 每 一 块
骄 傲 的 身 子 总 是 爬 满 崖 顶 沟 壑    让 我 们 循 着 如 歌 的

3 5 5 - - | i 2 3 6 5 i 3 | 2 - - - |
土 地      寻 找 你 响 亮 的 名 字
声 音      走 过 一 座 座 山 坡

3 2 3 5 5 - | 2 2 i 6 - | 5 5 5 2 2 6 | i - - - ‖
平 凡 是 你 的 注 解 善 良 是 你 的 主 题
让 我 们 踏 着 岁 月 节 拍 走 进 一 条 条 小 河
```

寻 找

高会武 词
邵 绍 曲

站在每一个圪梁梁 你都是平平常常的山丹
爬上每一个山峁峁 你都是普普通通的野柠
丹
条
风吹过你会低低头
夏天里你会开满花
雨淋过你会缩缩腰 但你不会轻易
秋天里你会结满籽 每时每刻期待
倒下 哪怕风很大哪怕雨很急 你
收获 无论夏的热无论秋的凉 你
美丽的绽放 常常铺满 整个山坡 走遍高原的每一块
骄傲的身子 总是爬满 崖顶沟壑 让我们循着如歌的
土地 寻找你响亮的名字
声音 走过一座座山坡
平凡是你的注解 善良是你的主题
让我们踏着岁月的节拍 走进一条条小河

原创歌曲：《采煤人》

作品简介

作品在神木县音乐家协会《神韵歌刊》2010.1（总第三期）发表，多次在神东主题汇演中演出。

采煤人

1=C $\frac{2}{4}$

中速

张伯龙 词
薛世金 曲

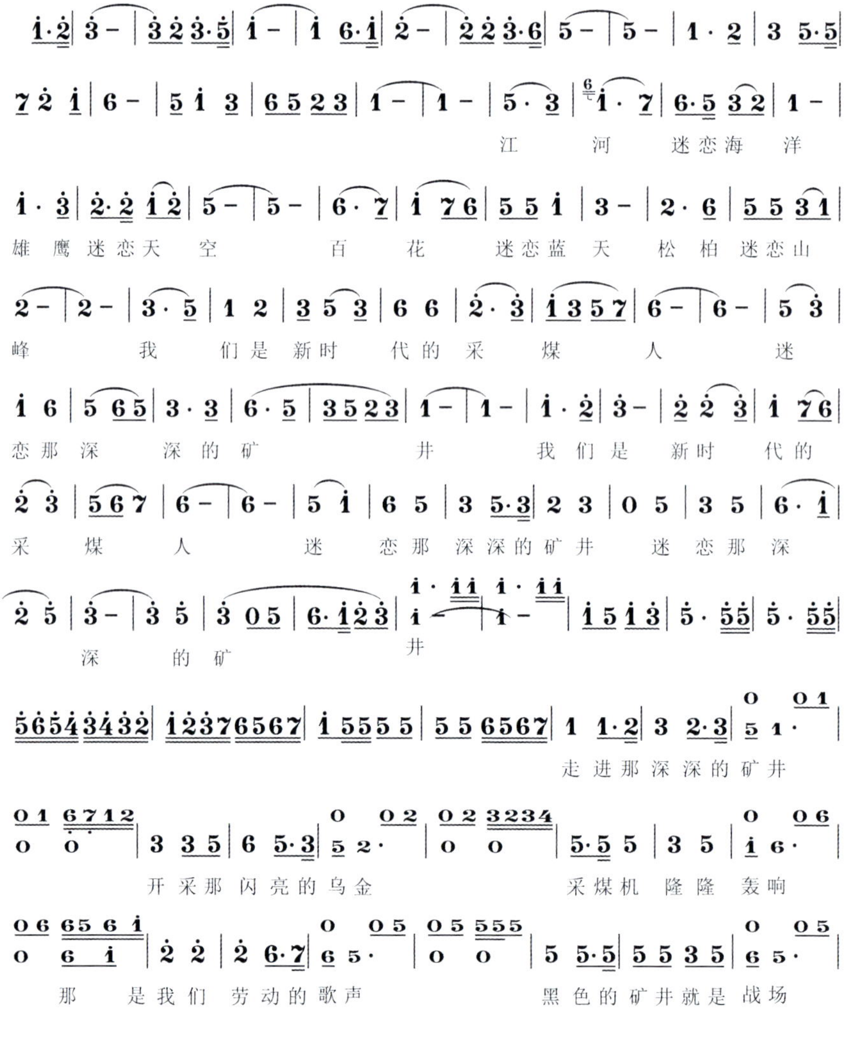

江 河 迷恋海 洋

雄 鹰 迷恋天 空 百 花 迷恋蓝 天 松 柏 迷恋山

峰 我 们是 新时 代的 采 煤 人 迷

恋那 深 深的 矿 井 我 们 是 新时 代的

采 煤 人 迷 恋那 深深的矿井 迷 恋 那 深

深 的 矿 井

走进那深深的矿井

开采那闪亮的乌金 采煤机 隆隆 轰响

那 是我们 劳动的歌声 黑色的矿井就是战场

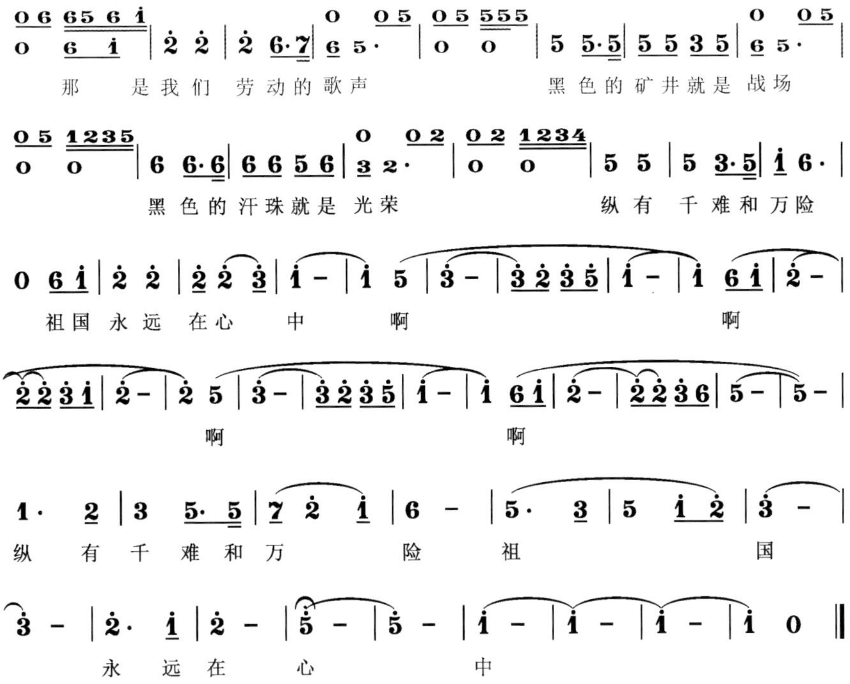

那　是我们　劳动的歌声　　黑色的矿井就是战场

黑色的汗珠就是光荣　　纵有千难和万险

祖国永远在心中　啊　啊

啊　啊

纵有千难和万险　祖　国

永远在心中

采煤人

中速

张伯龙 词
薛世金 曲

江 河 迷恋海 洋 雄鹰 迷恋天
空 百 花 迷恋蓝 天 松柏 迷恋山 峰 我 们是
新时 代的采 煤 人 迷 恋那深 深的矿 井
我们是 新时 代的 采 煤 人 迷 恋那 深深的矿井
迷 恋 那 深 深 的 矿 井
走进那深深的矿井 开采那闪亮的乌金 采煤机隆隆轰响 那 是
我们劳动的歌声 黑色的矿井就是战场 黑色的汗珠就是光荣
纵有 千难和万险 祖国 永远 在心 中 啊 啊
啊 啊
纵有 千难和 万 险 祖 国 永远在 心 中

原创歌曲:《我的神东我的爱》

作品简介

作品荣获神东2016年“新歌唱神东”主题原创歌曲征集合唱类二等奖。

我的神东我的爱

1=E 4/4
每分钟74拍

王拥国 陈日升 词
魔音音乐曲

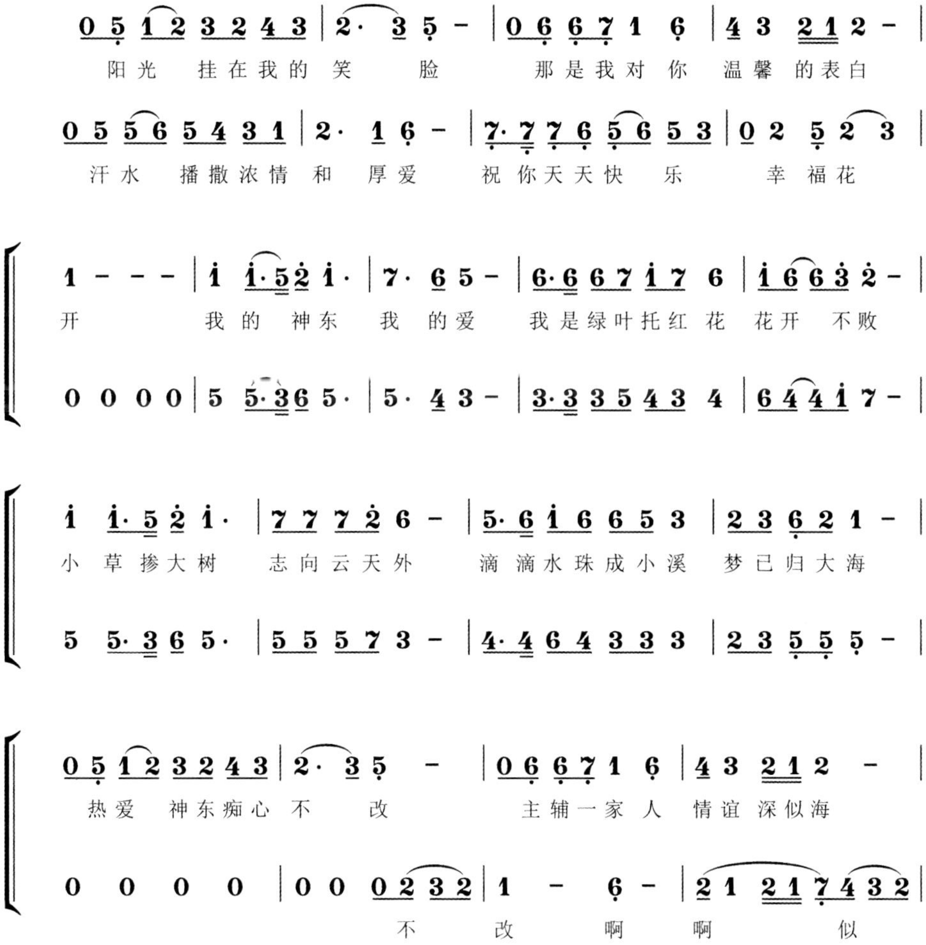

阳光 挂在我的笑 脸 那是我对你 温馨的表白

汗水 播撒浓情和 厚爱 祝你天天快 乐 幸福花

开 我的 神东 我 的爱 我是绿叶托红 花 花开 不败

小 草 掺大树 志向云天外 滴 滴水珠成小溪 梦已归大海

热爱 神东痴心不 改 主辅一家人 情谊 深似海

不 改 啊 啊 似

你的笑容是我的期待　为你守候是我　不变的情
海　笑容是我的啊　期待　啊　不变的情

怀。我的神东我的爱　我为神东铸辉煌　增添光和彩

默默做奉献　无悔也无怨　共筑美好神东梦　1. 携手向未来

2. 携手向未来　携手向未来

我的神东我的爱

王拥国　陈日升　词
魔　音　音　乐曲

♩ = 74
阳光 挂在我的 笑 脸 那是我对 你 温馨 的表白
汗水 播撒浓情 和 厚爱 祝你天天快 乐 幸 福花
开 我的 神东 我 的爱 我是绿叶托红花 花开 不败
小 草 掺大树 志向云天外 滴 滴水珠成小溪 梦已归大海
热爱 神东痴心 不 改 主辅一家人 情谊深似海
不 改 啊 啊 似

22
你的笑容是我的期待为你守候是我不变的情
海笑容是我的啊期待啊不变的情
26
怀我的神东我的爱我为神东铸辉煌增添光和彩
31
1.
默默做奉献无悔也无怨共筑美好神东梦携手向未来
35
2.
携手向未来携手向未来

原创歌曲：《我们是神东的荣光》

作品简介

作品荣获神东2016年“新歌唱神东”主题原创歌曲征集合唱类一等奖。

我们是神东的荣光

陈日升 词
桑洁 塔拉 曲

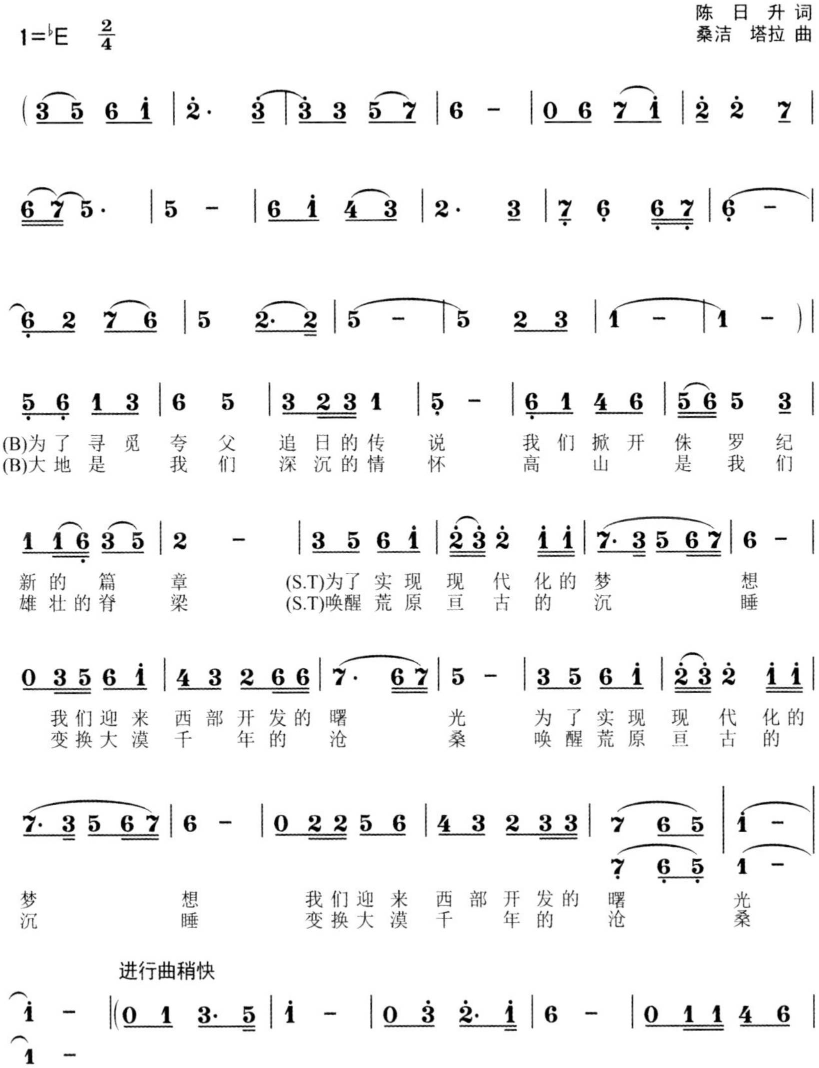

1=♭E $\frac{2}{4}$

(B)为了寻觅夸父追日的传说　我们掀开侏罗纪新的篇章
(B)大地是我们深沉的情怀　高山是我们雄壮的脊梁

(S.T)为了实现现代化的梦想　我们迎来西部开发的曙光　为了实现现代化的梦想　我们迎来西部开发的曙光
(S.T)唤醒荒原亘古的沉睡　变换大漠千年的沧桑　唤醒荒原亘古的沉睡　变换大漠千年的沧桑

进行曲稍快

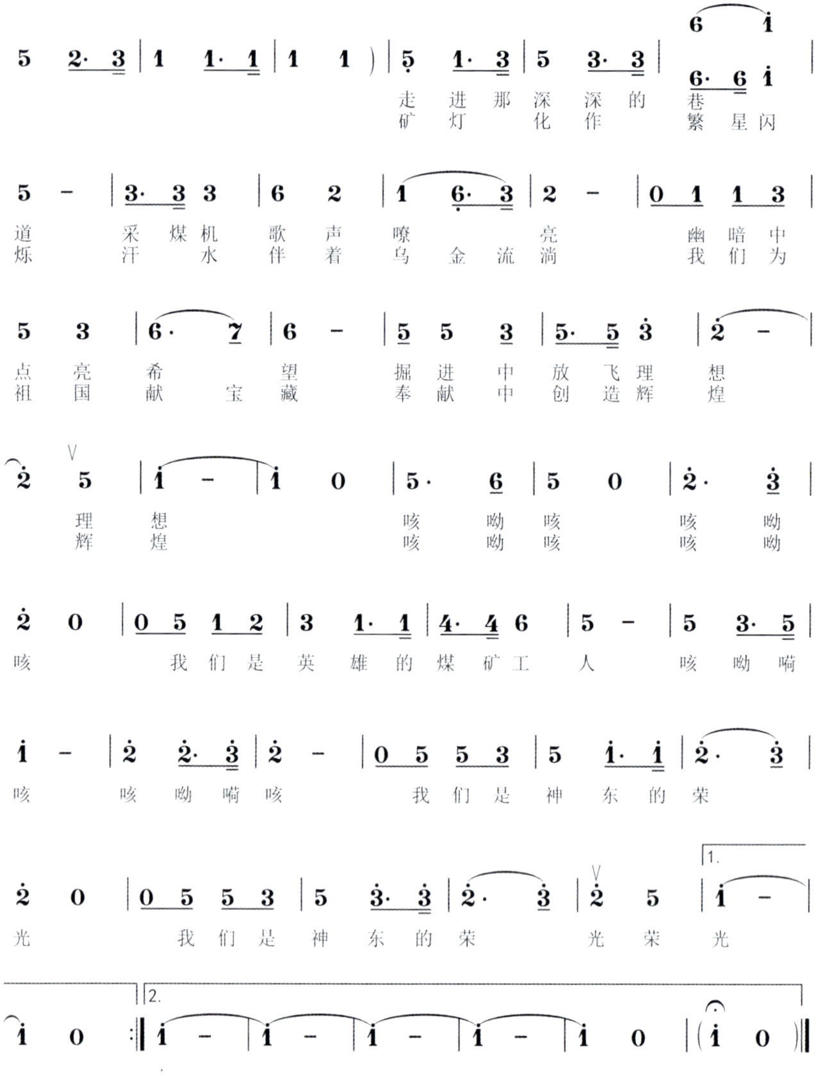

走进那深深的巷
矿灯化作繁星闪

道 采煤机歌声嘹亮 幽暗中
烁 汗水伴着乌金流淌 我们为

点亮希望 掘进中放飞理想
祖国献宝藏 奉献中创造辉煌

理想 咳呦咳 咳呦
辉煌 咳呦咳 咳呦

咳 我们是英雄的煤矿工人 咳呦嗬

咳 咳呦嗬咳 我们是神东的荣

光 我们是神东的荣 光荣光

我们是神东的荣光

陈　日　升词
桑洁　塔拉曲

(B)为 了 寻 觅　夸　父　追 日的传　说　我们 掀 开　侏　罗　纪
(B)大 地 是　我　们　深 沉的情　怀　高　山　是　我　们

新的　篇　章　(S.T)为 了 实 现　现　代　化的 梦　想
雄 壮的脊　梁　(S.T)唤 醒 荒 原　亘　古　的　沉　睡

我们迎 来　西 部 开 发的 曙　光　为 了 实 现　现　代　化的
变换大漠　千　年的　沧　桑　唤 醒 荒 原　亘　古　的

梦　想　我们迎 来　西 部 开 发的 曙　光
沉　睡　变换大 漠　千　年的　沧　桑

进行曲稍快

走　进　那　深　深　的 巷
矿　灯　化　作　繁　星闪

55
道 采煤机 歌 声 嘹 亮 幽暗中
烁 汗 水 伴 着 乌 金 流 淌 我们为
61
点 亮 希 望 掘 进 中 放 飞 理 想
祖 国 献 宝 藏 奉 献 中 创 造 辉 煌
67
理 想 咳 呦 咳 咳 呦
辉 煌 咳 呦 咳 咳 呦
73
咳 我们是 英 雄 的 煤 矿 工 人 咳 呦 嗬
79
咳 咳 呦 嗬 咳 我们是 神 东 的 荣
85
光 我们是 神 东 的 荣 光 荣 光
1.
91
2.
光

原创歌曲：《廉政之歌》

作品简介

作品为2016年神东“廉洁文化下基层”文艺演出主题节目。

廉政之歌

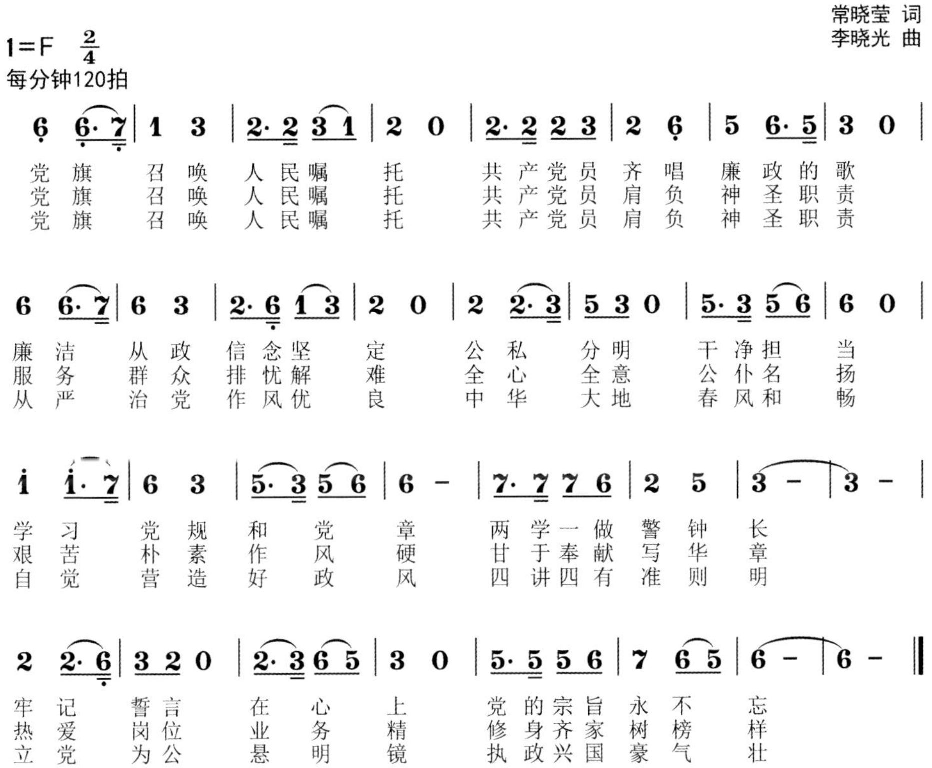

常晓莹 词
李晓光 曲

1=F 2/4
每分钟120拍

6 6·7 | 1 3 | 2·2 3 1 | 2 0 | 2·2 2 3 | 2 6 | 5 6·5 | 3 0 |

党 旗 召 唤 人 民 嘱 托 共 产 党 员 齐 唱 廉 政 的 歌
党 旗 召 唤 人 民 嘱 托 共 产 党 员 肩 负 神 圣 职 责
党 旗 召 唤 人 民 嘱 托 共 产 党 员 肩 负 神 圣 职 责

6 6·7 | 6 3 | 2·6 1 3 | 2 0 | 2 2·3 | 5 3 0 | 5·3 5 6 | 6 0 |

廉 洁 从 政 信 念 坚 定 公 私 分 明 干 净 担 当
服 务 群 众 排 忧 解 难 全 心 全 意 公 仆 名 扬
从 严 治 党 作 风 优 良 中 华 大 地 春 风 和 畅

1 1·7 | 6 3 | 5·3 5 6 | 6 - | 7·7 7 6 | 2 5 | 3 - | 3 - |

学 习 党 规 和 党 章 两 学 一 做 警 钟 长
艰 苦 朴 素 作 风 硬 甘 于 奉 献 写 华 章
自 觉 营 造 好 政 风 四 讲 四 有 准 则 明

2 2·6 | 3 2 0 | 2·3 6 5 | 3 0 | 5·5 5 6 | 7 6 5 | 6 - | 6 - ‖

牢 记 誓 言 在 心 上 党 的 宗 旨 永 不 忘
热 爱 岗 位 业 务 精 修 身 齐 家 树 榜 样
立 党 为 公 悬 明 镜 执 政 兴 国 豪 气 壮

廉政之歌

常晓莹 词
李晓光 曲

02
社会主义是干出来的

实干是神东人最宝贵的精神品质。神东人的发展史，是几代神东人兢兢业业、奋发图强的实干历程，既是党和国家建设中国特色社会主义的时代缩影，也是对“社会主义是干出来的”这一响亮论断最好的诠释和印证。

“社会主义是干出来的”篇章共收录《我们是创新创造的奋斗者》《让我们为爱加油》等25个原创作品，用文艺作品展现神东积极践行“社会主义是干出来的”伟大号召的生动实践。

原创语言类作品:《就地过年》

编创人员

崔俊春、石圪台煤矿“矿工先生”情景剧创作组、李晓光、薛岗

原创语言类作品

图片来源：国能神东煤炭新闻中心

作品简介

面对严峻复杂的疫情防控形势，神东作为能源板块的排头兵，保障国家经济社会发展平稳运行的责任重大。公司所在两地政府及公司向全体员工发出“抗疫保供就地过年”的号召，最大限度减少人员流动，阻断疫情扩散。为了让坚守岗位的员工过上温暖的春节，神东煤炭集团党委办公室（宣传部）主办、企业文化中心、新闻中心承办了“春满神东　伴你温暖过大年”迎新春线上文艺晚会。《就地过年》就是在这样的背景下由员工自编、自导、自演，展现了神东员工坚守岗位、抗疫保供、舍小家为大家的精神风貌。

原创情景剧：《神东记忆》

编创人员

文体中心创作团队

图片来源：国能神东煤炭企业文化中心

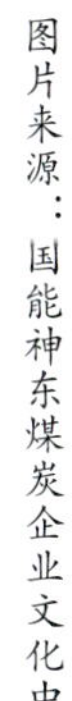

图片来源：国能神东煤炭企业文化中心

作品简介

作品以矿区开发初期到现代化煤炭基地建成的历史故事为主线，表现神东人靠着顽强的拼搏精神，在一片荒漠上建起一座现代化煤都的感人故事。作品在2019年神东“壮丽70年 奋斗新时代”庆祝新中国成立70周年职工主题汇演中演出。

原创语言类作品:《阳光班组的故事》

编创人员

郭建、崔俊春

图片来源：国能神东煤炭新闻中心

作品简介

班组是企业的细胞，一个和谐的班组能在方方面面直接反映出一个企业的精神面貌。作品描述了春节期间服务部食堂的故事。为了能够让伙伴回家过年，员工们将仅有的回家指标互相推让，最后都毅然放弃了和家人团聚，坚守在岗位上为矿工制作美味的年夜饭。感人的情节展现了神东后勤人舍小家为大家，默默奉献的崇高品质和责任担当。

原创语言类作品：《矿工加速度》

编创人员

崔俊春、石圪台煤矿“矿工先生”情景剧创作组

图片来源：国能神东煤炭新闻中心

作品简介

作品为神东煤炭集团纪念五四运动102周年“学党史、强信念、跟党走”主题展演原创节目，描述了神东在推进矿井智能化设备和技术应用，创新驱动发展“排头兵”的征程中，一群大学生勇挑重担、不畏困难、努力探索，为神东智能化矿山建设奉献智慧和汗水，也是当下神东青年朝气蓬勃、奋发有为的生动写照。

原创歌曲：《我们是创新创造的奋斗者》

原创歌曲

图片来源：国能神东煤炭新闻中心

作品简介

2021年是中国共产党成立100周年，是“十四五”规划开局之年，也是全体神东人笃行不怠、踔厉奋发，共同踏上高质量发展新征程的一年。作品紧扣神东高质量发展主题，旋律激昂、催人奋进，展现了神东人坚定的信念和创新创造的奋斗豪情。作品荣获神东公司2022年“社会主义是干出来的”主题原创歌曲征集二等奖，在2021年6月“永远跟党走”——榆林市庆祝中国共产党成立100周年群众广场文艺晚会，以及榆林市“庆祝建党100周年走进神东矿区”群众广场文艺晚会上演出。

我们是创新创造的奋斗者

高会武 词
李晓光 薛 岗 曲

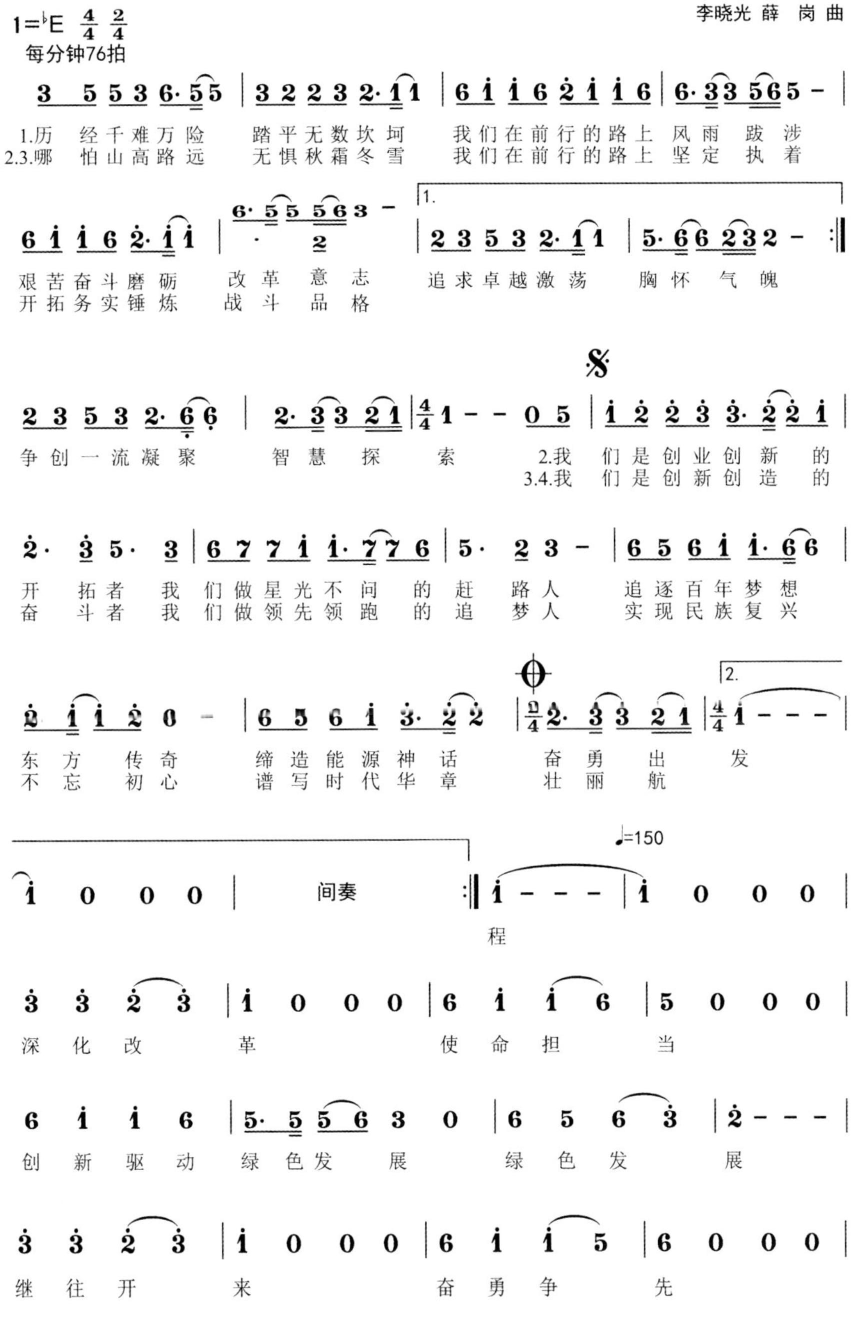

1=♭E $\frac{4}{4}$ $\frac{2}{4}$
每分钟76拍

1.历 经 千 难 万 险 踏 平 无 数 坎 坷 我 们 在 前 行 的 路 上 风 雨 跋 涉
2.3.哪 怕 山 高 路 远 无 惧 秋 霜 冬 雪 我 们 在 前 行 的 路 上 坚 定 执 着

艰 苦 奋 斗 磨 砺 改 革 意 志 追 求 卓 越 激 荡 胸 怀 气 魄
开 拓 务 实 锤 炼 战 斗 品 格

争 创 一 流 凝 聚 智 慧 探 索 2.我 们 是 创 业 创 新 的
3.4.我 们 是 创 新 创 造 的

开 拓 者 我 们 做 星 光 不 问 的 赶 路 人 追 逐 百 年 梦 想
奋 斗 者 我 们 做 领 先 领 跑 的 追 梦 人 实 现 民 族 复 兴

东 方 传 奇 缔 造 能 源 神 话 奋 勇 出 发
不 忘 初 心 谱 写 时 代 华 章 壮 丽 航

间奏 ♩=150

程

深 化 改 革 使 命 担 当

创 新 驱 动 绿 色 发 展 绿 色 发 展

继 往 开 来 奋 勇 争 先

6 5 6 3 | 2· 2 2 1 6 0 | 2 5 6 2 | 1 - - - |

勇 立 潮 头 一 往 无 前 一 往 无 前

渐慢 ♩=76

1 0 0 0 5 | 2· 3 3 2 1 1 - | 6 5 6 1 1· 6 6 | 2· 1 1 2 6 - |

D.S.

我 壮 丽 航 程 实 现 民 族 复 兴 不 忘 初 心

6 5 6 1 3· 2 2 | 2· 3 3 - - | 3 0 2 1 | 1 - - - | 1 - - - | 1 0 0 0 ‖

谱 写 时 代 华 章 壮 丽 航 程

我们是创新创造的奋斗者

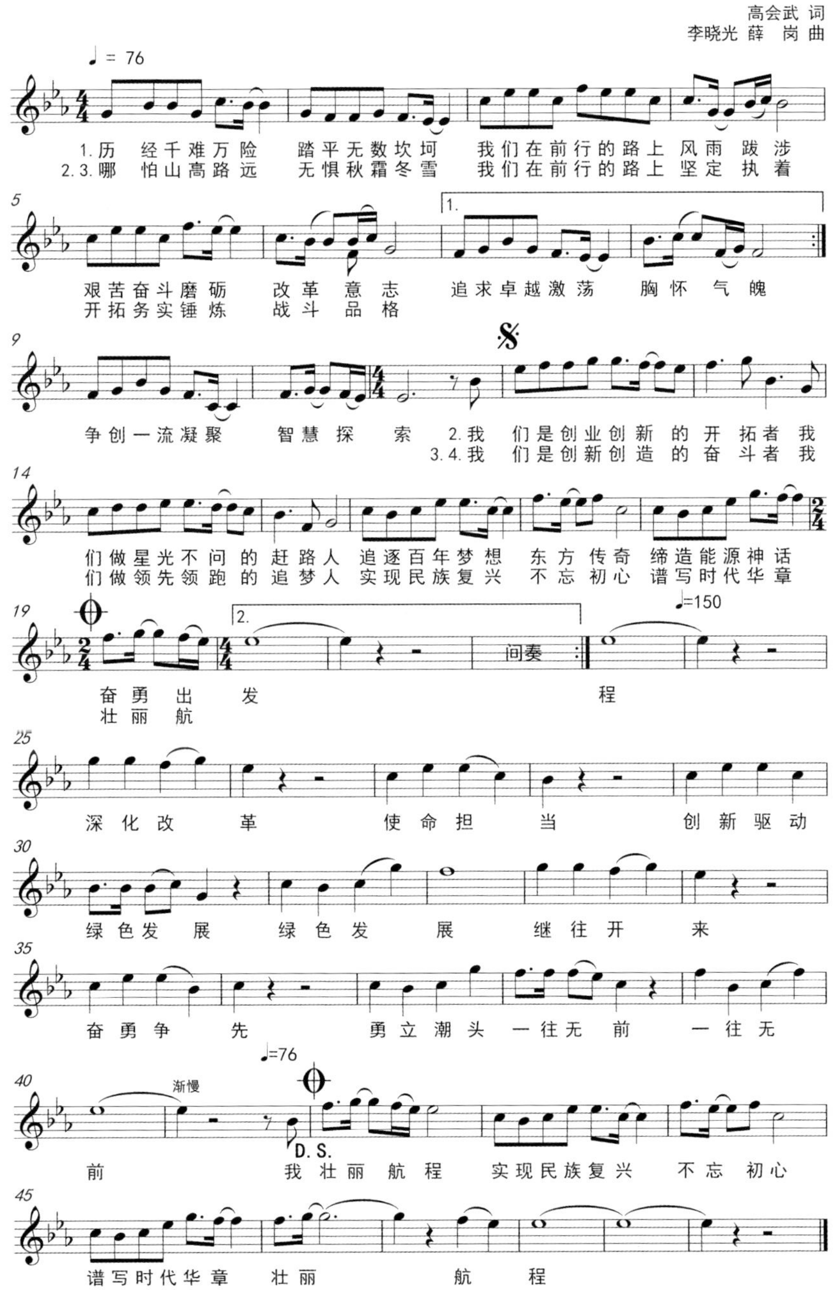

原创歌曲：《让我们为爱加油》

原创歌曲

图片来源：国能神东煤炭新闻中心

作品简介

2020年，面对突如其来的疫情，全国上下众志成城、同心抗疫，生动绘就了团结就是力量的时代新画卷。作品集中展示了全体中华儿女心连心、手挽手，用爱凝聚起一道道坚固的抗疫防线，展示了战胜疫情的坚定决心和坚强意志。作品多次在公司各类文艺演出中展演。

让我们为爱加油

韩浩波 词
李晓光 曲

1=E $\frac{4}{4}$
每分钟72拍

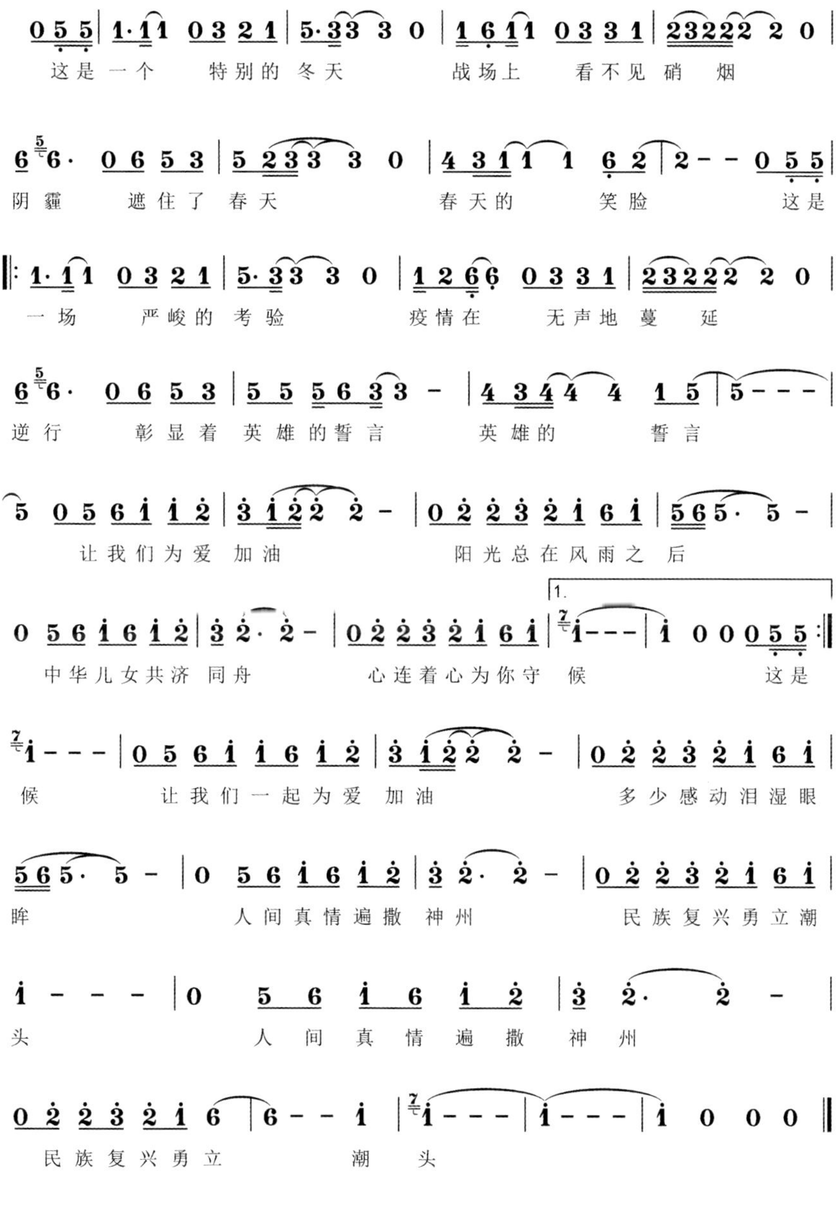

这是 一个 特别的 冬天 战场上 看不见 硝 烟

阴 霾 遮住了 春天 春天的 笑脸 这是

一 场 严峻的 考验 疫情在 无声地 蔓 延

逆 行 彰显着 英雄 的誓 言 英雄的 誓 言

让我们为爱 加油 阳光总在风雨之 后

中华儿女共济 同舟 心连着心为你守 候 这是

候 让我们一起为爱 加油 多少感动泪湿眼

眸 人间真情遍撒 神州 民族复兴勇立潮

头 人 间 真 情 遍 撒 神 州

民族复兴勇立 潮 头

让我们为爱加油

韩浩波 词
李晓光 曲

♩ = 72
这是一个 特别的冬天 战场上 看不见硝 烟
阴霾 遮住了 春天 春天的 笑脸 这是
一场 严峻的 考验 疫情在 无声地蔓 延
逆行 彰显着 英雄的誓言 英雄的 誓言
让我们为爱 加油 阳光总在风雨之 后
1.
中华儿女共济 同舟 心连着心为你守 候 这是
候 让我们一起为爱 加油 多少感动泪湿眼
眸 人间真情遍撒 神州 民族复兴勇立潮
头 人间真情遍撒 神州 民族复兴勇立
潮 头

原创歌曲：《圆梦新征程》

作品简介

作品在“深化改革结硕果 重组整合谱新篇”国家能源集团2019年新春团拜会演出，并在神东多次活动中演出。

圆梦新征程

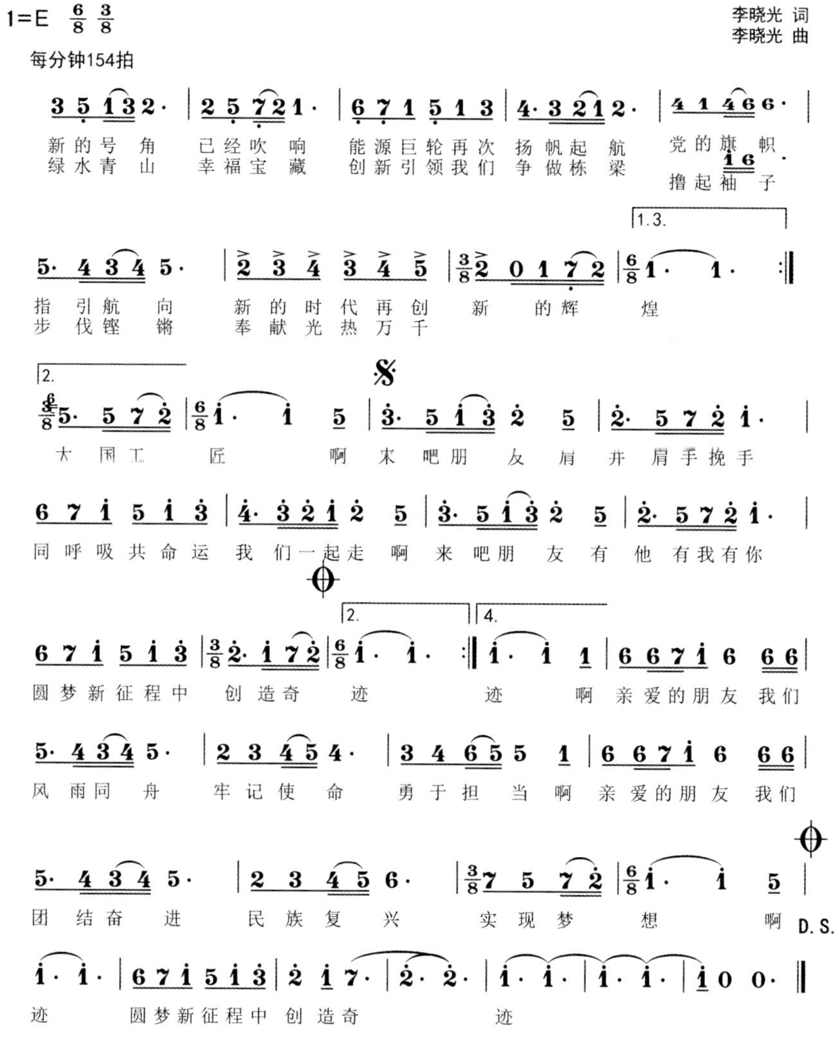

1=E $\frac{6}{8}$ $\frac{3}{8}$

每分钟154拍

李晓光 词
李晓光 曲

新的号角 已经吹响 能源巨轮再次 扬帆起航 党的旗帜
绿水青山 幸福宝藏 创新引领我们 争做栋梁 撸起袖子

指引航向 新的时代再创 新的辉煌
步伐铿锵 奉献光热万千

大国工匠 啊 来吧朋友 肩并肩手挽手

同呼吸共命运 我们一起走 啊 来吧朋友 有他有我有你

圆梦新征程中 创造奇迹 迹 啊 亲爱的朋友 我们

风雨同舟 牢记使命 勇于担当 啊 亲爱的朋友 我们

团结奋进 民族复兴 实现梦想 啊 D. S.

迹 圆梦新征程中创造奇 迹

圆梦新征程

李晓光 词
李晓光 曲
♩ = 154
新的号角 已经吹响 能源巨轮再次 扬帆起航 党的旗帜
绿水青山 幸福宝藏 创新引领我们 争做栋梁 撸起袖子
指引航向 新的时代再创 新 的辉 煌
步伐铿锵 奉献光热万千
大国工 匠 啊 来吧朋 友 肩 并 肩手挽手
同呼吸共命运 我们一起走 啊 来吧朋 友 有 他 有我有你
圆梦新征程中 创造奇 迹 迹 啊 亲爱的朋友 我们
风雨同舟 牢记使命 勇于担当 啊 亲爱的朋友 我们
团结奋进 民族复兴 实现梦 想 啊 D.
迹 圆梦新征程中 创造奇 迹

原创歌曲：《煤海启航再出发》

作品简介

作品荣获神东2022年“社会主义是干出来的”主题原创歌曲征集优秀奖。

煤海启航再出发

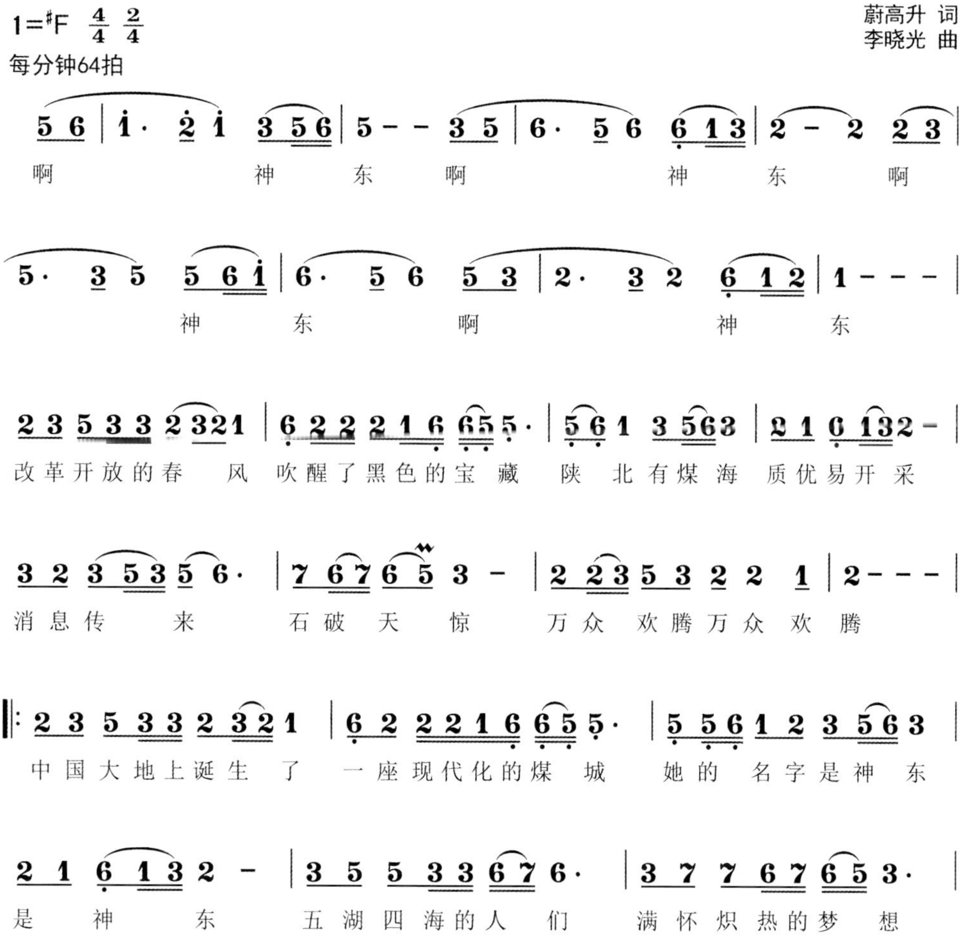

1=$^{\#}$F $\frac{4}{4}$ $\frac{2}{4}$
每分钟64拍

蔚高升 词
李晓光 曲

啊 神 东 啊 神 东 啊

神 东 啊 神 东

改革开放的春 风 吹醒了黑色的宝 藏 陕 北有煤 海 质优易开 采

消息传 来 石破 天 惊 万众 欢腾万众 欢 腾

中国大地上诞生 了 一座现代化的煤 城 她的 名字是神 东

是 神 东 五湖四海的人 们 满怀炽热的梦 想

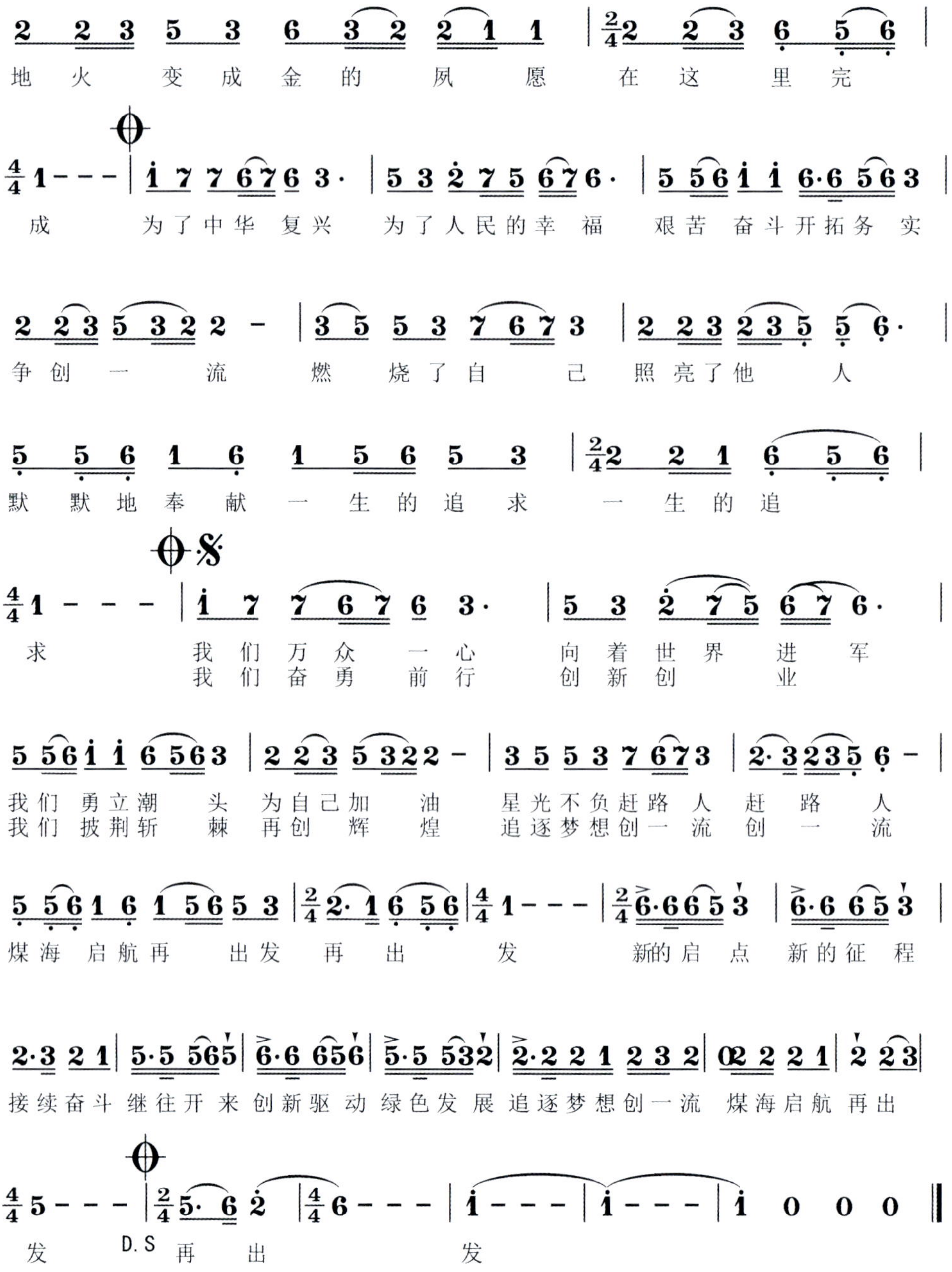

2 2 2 3 5 3 6 3 2 2 1 1 | 2/4 2 2 3 6 5 6 |
地火变成金的夙愿在这里完

4/4 1 - - - | 1 7 7 6 7 6 3· | 5 3 2 7 5 6 7 6· | 5 5 6 1 1 6 6 5 6 3 |

成 为了中华复兴 为了人民的幸福 艰苦奋斗开拓务实

2 2 2 3 5 3 2 2 - | 3 5 5 3 7 6 7 3 | 2 2 3 2 3 5 5 6· |

争创一流 燃烧了自己 照亮了他人

5 5 6 1 6 1 5 6 5 3 | 2/4 2 2 1 6 5 6 |

默默地奉献 一生的追求 一生的追

4/4 1 - - - | 1 7 7 6 7 6 3· | 5 3 2 7 5 6 7 6· |

求 我们万众一心 向着世界进军
我们奋勇前行 创新创业

5 5 6 1 1 6 6 5 6 3 | 2 2 3 5 3 2 2 - | 3 5 5 3 7 6 7 3 | 2· 3 2 3 5 6 - |

我们勇立潮头 为自己加油 星光不负赶路人 赶路人
我们披荆斩棘 再创辉煌 追逐梦想创一流 创一流

5 5 6 1 6 1 5 6 5 3 | 2/4 2· 1 6 5 6 | 4/4 1 - - - | 2/4 6 6 6 5 3 | 6· 6 6 5 3 |

煤海启航再出发 再出发 新的启点 新的征程

2· 3 2 1 | 5 5 5 6 5 | 6 6 6 5 6 | 5 5 5 3 2 | 2 2 2 1 2 3 2 | 0 2 2 2 1 | 2 2 3 |

接续奋斗 继往开来 创新驱动 绿色发展 追逐梦想创一流 煤海启航 再出

4/4 5 - - - | 2/4 5· 6 2 | 4/4 6 - - - | 1 - - - | 1 - - - | 1 0 0 0 ‖

发 D.S 再出发

煤海启航再出发

蔚高升 词
李晓光 曲

♩ = 64
啊 神 东 啊 神 东 啊
神 东 啊 神 东
改革开放的春 风 吹醒了黑色的宝 藏 陕 北有煤海 质优易开采
消息传 来 石破 天 惊 万众 欢腾万众 欢 腾
中国大地上诞生 了 一座现代化的煤 城 她的 名字是神东是 神 东
五湖四海的人 们 满怀炽热的梦 想 地火 变成金的夙 愿 在这 里完
成 为了中华 复兴 为了人民的幸 福 艰苦 奋斗开拓务 实
争创 一 流 燃 烧了自 己 照亮了他 人 默默地奉献一生的追求
一 生的追 求 我们万众 一心 向着世界 进 军
我们奋勇 前行 创新创 业
我们 勇立潮 头 为自己加 油 星光不负赶路 人 赶 路 人
我们 披荆斩 棘 再创 辉 煌 追逐梦想创一流 创 一 流

41
煤海 启航再 出发 再 出 发 新的启 点 新的征 程
46
接续奋斗 继往开 来 创新驱 动 绿色发 展 追逐梦想创一流 煤海启航 再出
53
发 D.S 再 出 发

原创歌曲：《我们同在》

作品简介

神东原创歌曲及视频MV，2020年2月在人民网、新华网等媒体发布，2020年4月入围由内蒙古自治区党委宣传部、自治区党委网信办、自治区卫生健康委员会主办，内蒙古日报社承办的内蒙古“最受欢迎抗疫歌曲”活动。

我们同在

1=♭B 4/4 2/4
每分钟123拍

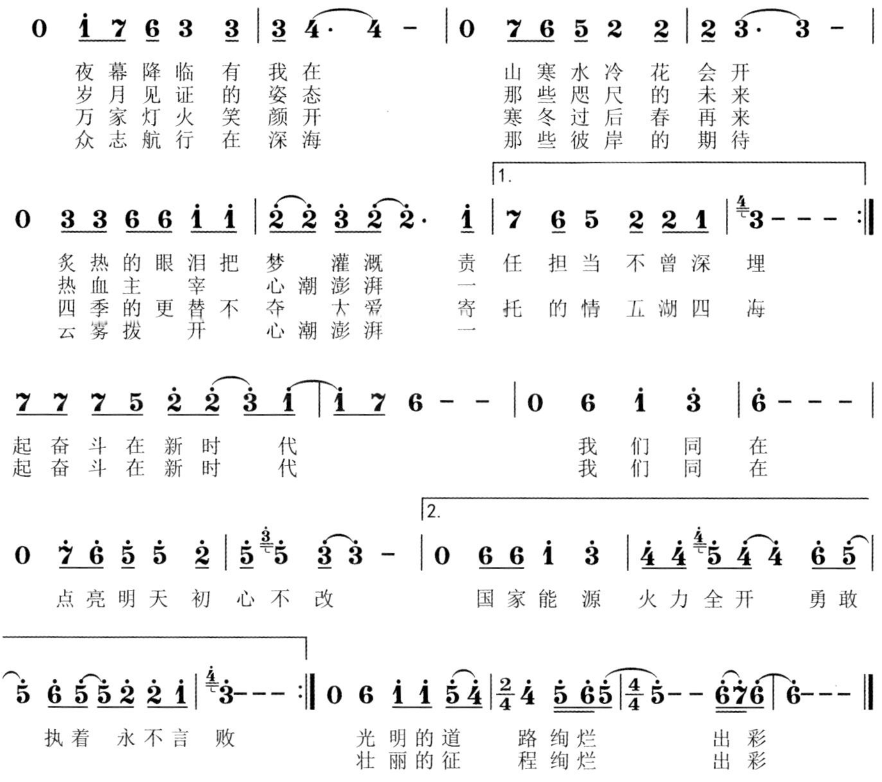

麻葆钧 词
冯晓荣 曲

0 1 7 6 3 3 | 3 4· 4 - | 0 7 6 5 2 2 | 2 3· 3 - |

夜幕降临有我在　山寒水冷花会开
岁月见证的姿态　那些咫尺的未来
万家灯火笑颜开　寒冬过后春再来
众志航行在深海　那些彼岸的期待

0 3 3 6 6 1 1 | 2 2 3 2 2· 1 | [1.] 7 6 5 2 2 1 | 4/4 3 - - - :‖

炙热的眼泪把梦灌溉　责任担当不曾深埋
热血主宰心潮澎湃一
四季的更替不夺大爱　寄托的情五湖四海
云雾拨开心潮澎湃一

7 7 7 5 2 2 3 1 | 1 7 6 - - | 0 6 1 3 | 6 - - - |

起奋斗在新时代　我们同在
起奋斗在新时代　我们同在

0 7 6 5 5 2 | 5 5 3 3 - | [2.] 0 6 6 1 3 | 4 4 5 4 4 6 5 |

点亮明天初心不改　国家能源火力全开勇敢

5 6 5 5 2 2 1 | 4/4 3 - - - :‖ 0 6 1 1 5 4 | 2/4 4 5 6 5 | 4/4 5 - - 6 7 6 | 6 - - - ‖

执着永不言败　光明的道路绚烂出彩
壮丽的征程绚烂出彩

我们同在

麻葆钧 词
冯晓荣 曲

原创歌曲：《青春最美是奋斗路上》

作品简介

作品荣获神东2022年“社会主义是干出来的”主题原创歌曲征集三等奖，为哈拉沟煤矿大学生智能化采煤班班歌。

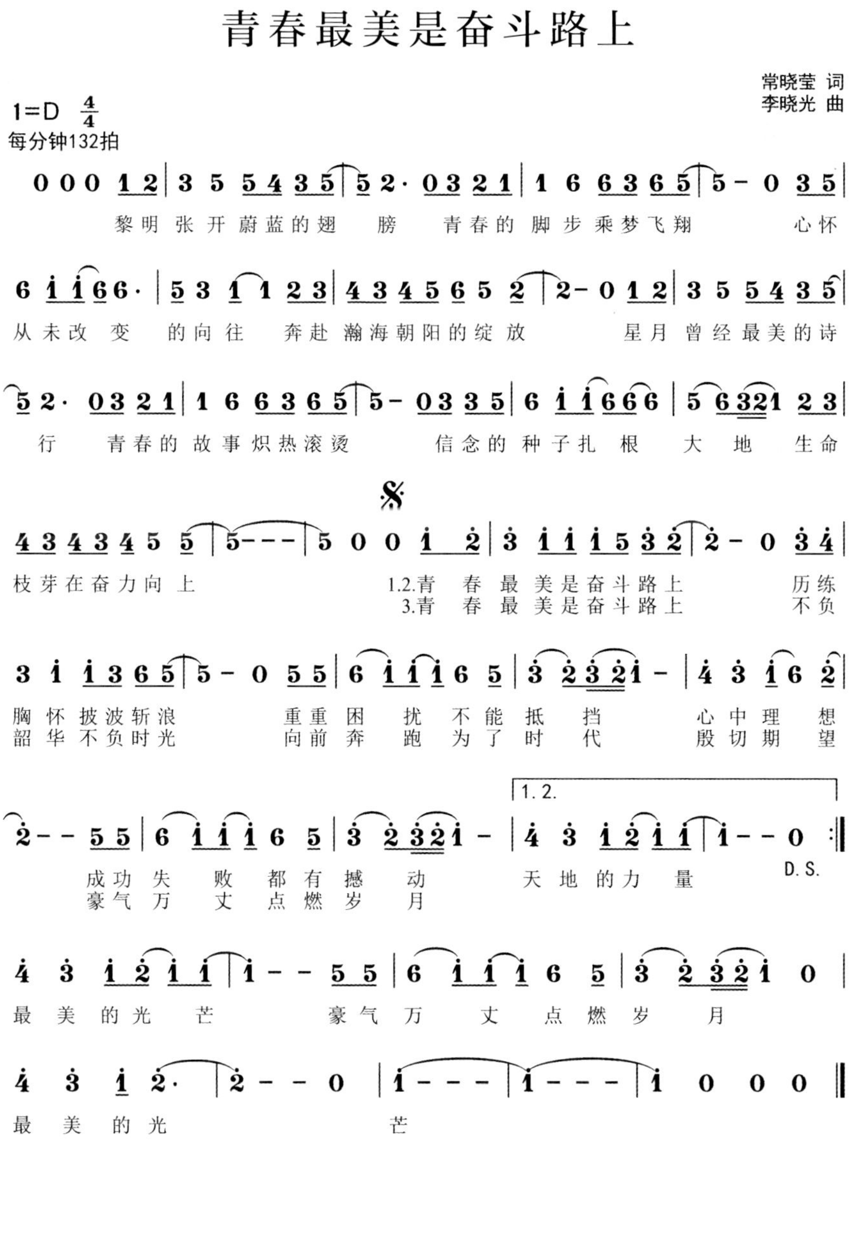

青春最美是奋斗路上

常晓莹 词
李晓光 曲

1=D $\frac{4}{4}$
每分钟132拍

黎明张开蔚蓝的翅膀　青春的脚步乘梦飞翔　心怀

从未改变的向往　奔赴瀚海朝阳的绽放　星月曾经最美的诗

行　青春的故事炽热滚烫　信念的种子扎根大地　生命

枝芽在奋力向上　1.2.青春最美是奋斗路上　历练
　　　　　　　　　3.青春最美是奋斗路上　不负

胸怀披波斩浪　重重困扰不能抵挡　心中理想
韶华不负时光　向前奔跑为了时代　殷切期望

成功失败都有撼动　天地的力量
豪气万丈点燃岁月

D. S.

最美的光芒　豪气万丈点燃岁月

最美的光　芒

青春最美是奋斗路上

常晓莹 词
李晓光 曲

♩ = 132
黎明 张开蔚蓝的翅 膀 青春的 脚步乘梦飞翔 心怀
6
从未改 变 的向往 奔赴 瀚海朝阳的绽放 星月 曾经 最美的诗
11
行 青春的 故事炽热滚烫 信念的 种子扎 根 大 地 生命
16
枝芽在奋力向上 1. 2. 青 春 最美是奋斗路上 历练
3. 青 春 最美是奋斗路上 不负
21
胸怀披波斩浪 重重 困 扰 不能 抵 挡 心 中理 想
韶华不负时光 向前 奔 跑 为了 时 代 殷 切期 望
26
1. 2.
成功 失 败 都有 撼 动 天地 的力 量
豪气 万 丈 点燃 岁 月
D. S.
31
最 美 的光 芒 豪气 万 丈 点燃 岁 月
35
最 美 的光 芒

原创歌曲：《中华是你我心中的最爱》

作品简介

作品2020年4月入围由内蒙古自治区党委宣传部、自治区党委网信办、自治区卫生健康委员会主办，内蒙古日报社承办的内蒙古“最受欢迎抗疫歌曲”活动。在2021年“春满神东　伴你温暖过大年”迎新春文艺晚会上演出。

中华是你我心中的最爱

常晓莹 词
李晓光 曲

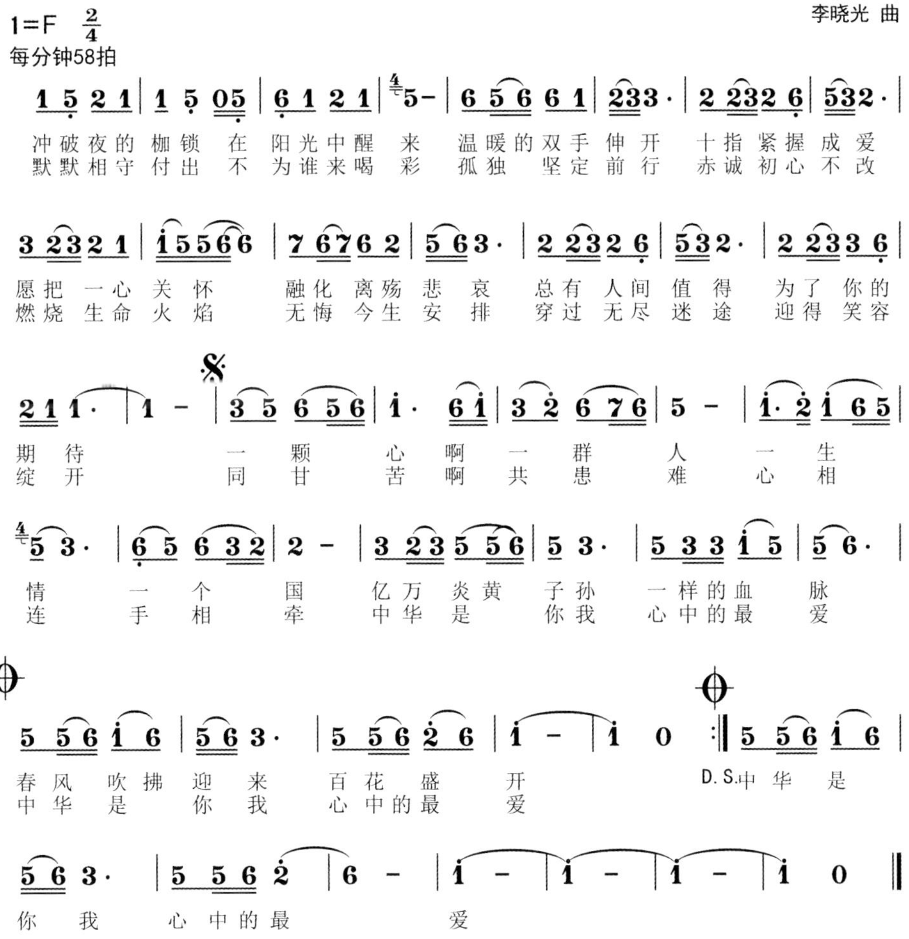

1=F $\frac{2}{4}$
每分钟58拍

冲破夜的枷锁 在 阳光中醒 来 温暖的双手 伸 开 十指 紧握 成爱
默默相守 付出 不 为谁来喝 彩 孤独 坚定 前 行 赤诚 初心 不改

愿把 一心 关 怀 融化 离殇 悲 哀 总有 人间 值 得 为了 你的
燃烧 生命 火 焰 无悔 今生 安 排 穿过 无尽 迷 途 迎得 笑容

期 待 一 颗 心 啊 一 群 人 一 生
绽 开 同 甘 苦 啊 共 患 难 心 相

情 一 个 国 亿万 炎黄 子孙 一样的血 脉
连 手 相 牵 中华 是 你我 心中的最 爱

春风 吹拂 迎 来 百花 盛 开 D. S.中 华 是
中华 是 你 我 心 中的最 爱

你 我 心 中的最 爱

中华是你我心中的最爱

常晓莹 词
李晓光 曲

♩ = 58
冲破夜的 枷锁 在 阳光中醒 来 温暖的双手 伸 开 十指 紧握 成 爱
默默相守 付出 不 为谁来喝 彩 孤独 坚定 前 行 赤诚 初心 不 改
愿把 一心 关 怀 融化 离殇 悲 哀 总有 人间 值 得 为了 你的
燃烧 生命 火 焰 无悔 今生 安 排 穿过 无尽 迷 途 迎得 笑容
期 待 一 颗 心 啊 一 群 人 一 生
绽 开 同 甘 苦 啊 共 患 难 心 相
情 一 个 国 亿万 炎黄 子孙 一样的血 脉
连 手 相 牵 中华 是 你我 心中的最 爱
春风 吹拂 迎 来 百花 盛 开 D. S. 中 华 是
中华 是 你 我 心 中的最 爱
你 我 心 中 的 最 爱

原创歌曲:《全民战疫歌》

作品简介

作品2020年4月入围由内蒙古自治区党委宣传部、自治区党委网信办、自治区卫生健康委员会主办，内蒙古日报社承办的内蒙古“最受欢迎抗疫歌曲”活动。

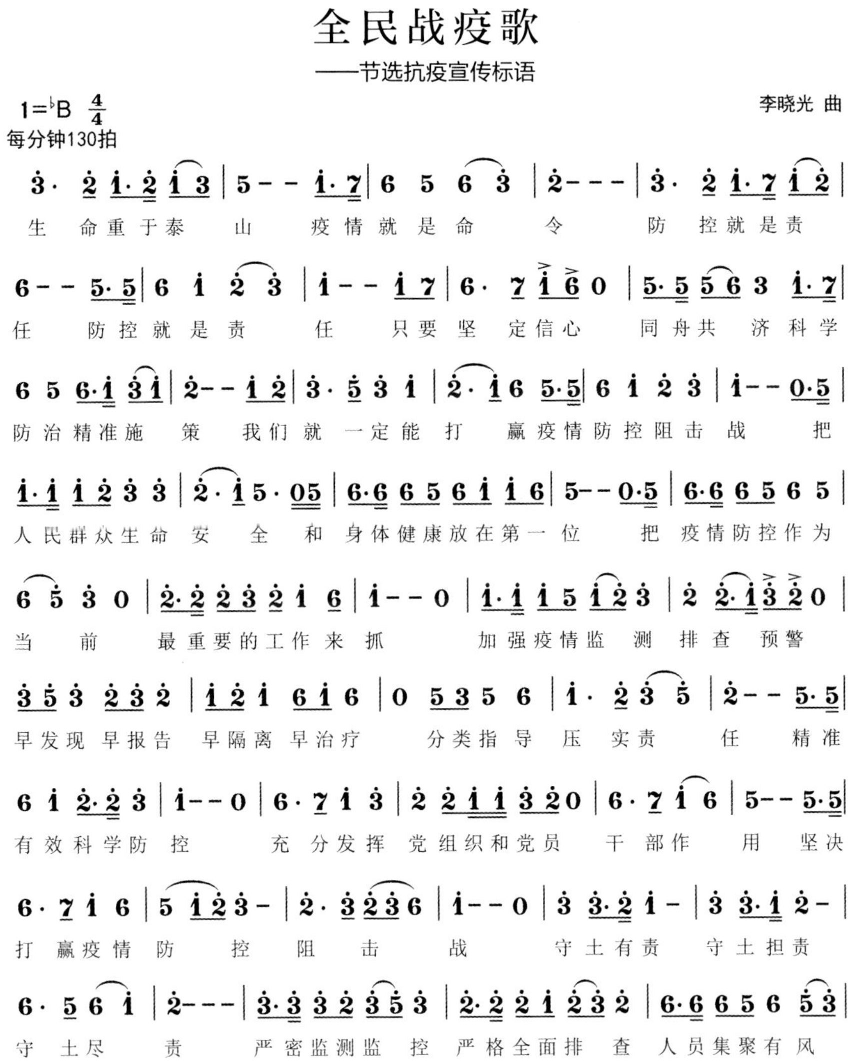

全民战疫歌

——节选抗疫宣传标语

李晓光 曲

1=♭B 4/4

每分钟130拍

生命重于泰山 疫情就是命令 防控就是责

任 防控就是责任 只要坚定信心 同舟共济科学

防治精准施策 我们就一定能打赢疫情防控阻击战 把

人民群众生命安全 和身体健康放在第一位 把疫情防控作为

当前 最重要的工作来抓 加强疫情监测排查预警

早发现早报告 早隔离早治疗 分类指导压实责任 精准

有效科学防控 充分发挥党组织和党员干部作用 坚决

打赢疫情防控阻击战 守土有责 守土担责

守土尽责 严密监测监控 严格全面排查 人员集聚有风

2 - - - | 6·5 6 1 2 3 2 | 1 - - 0 | 3 · 2 3 0 | 2 1·3 2 0 | 2 · 1 2 0 |
险　　居家观察要执　行　　戴口罩　勤洗　手　测　体温

6 1 6 5 0 | 6 · 5 6 1 | 5 · 3 2 - | 6 · 5 3 2 | 1 - - 0 | 5·5 5 3 5 6 5 |
勤消　毒　不　聚　餐　　不　串　门　　打开窗子通通风

2·2 2 1 2 3 2 | 0 6 5 6 1 | 3 2 3 5 - | 6·6 6 5 3 2 3 | 5 - - - |
每天定时测测温　集中聚　餐　风险　大　家里吃饭好处　多

5 6 5 3 5 3 | 2 3 2 1 2 6 | 0 6 5 6 1 2 | 3 - - 2 3 | 5 · 3 2 · 6 | 1 - - - ‖
不信谣不传谣　强防护不恐慌　保护自　　己　就是保　护家　　人

全民战疫歌

——节选抗疫宣传标语

李晓光 曲

♩ = 130
生 命重于泰 山 疫情就是命 令 防 控就是责
任 防控就是责 任 只要 坚 定信心 同舟共 济科学
防治精准施 策 我们 就 一定能 打 赢疫情防控阻击 战 把
人民群众生命 安 全 和 身体健康放在第一 位 把 疫情防控作为
当 前 最重要的工作来 抓 加强疫情监 测 排 查 预警
早发现早报告 早隔离早治疗 分类指导 压 实责 任 精准
有效科学防 控 充 分发挥 党组织和党员 干 部作 用 坚决
打 赢疫情 防 控 阻 击 战 守土有责 守土担责
守 土尽 责 严密监测监 控 严格全面排 查 人员集聚有风
险 居家观察要执 行 戴 口罩 勤洗 手 测 体温
勤消 毒 不 聚 餐 不 串 门 打开窗子通通风
每天定时测测温 集中聚餐 风 险 大 家里吃饭好处 多
不信谣不传谣 强防护不恐慌 保护自 己 就是保 护家 人

原创歌曲：《无惧无畏》

作品简介

作品2020年4月入围由内蒙古自治区党委宣传部、自治区党委网信办、自治区卫生健康委员会主办，内蒙古日报社承办的内蒙古“最受欢迎抗疫歌曲”活动。

无惧无畏

1=A $\frac{2}{4}$
每分钟80拍

肖砚涛 词
薛 岗 曲

草木蔓发 幸福的颜色 奏响春曲
旭日东升 壮美的山河 依旧妖娆

伤痛 不会留得太久 一把利刃
生命 总会迸发希望 一面红旗

疾风出鞘锋芒斩破云层 大地普照
迎风飘扬初心凝聚力量

金色阳光 使命挺起 永恒信仰

无惧无畏 淬火砺剑 不朽的

精神 愈挫愈勇 无惧无畏 高擎旗

帜 1=B 胜利的歌声

越唱越亮

无惧无畏

肖砚涛 词
薛 岗曲

原创歌曲：《天使柔情》

作品简介

作品2020年4月入围由内蒙古自治区党委宣传部、自治区党委网信办、自治区卫生健康委员会主办，内蒙古日报社承办的内蒙古“最受欢迎抗疫歌曲”活动。

天使柔情

张永智 词
李 虹 曲

1=D 4/4
每分钟80拍
深情、赞美地

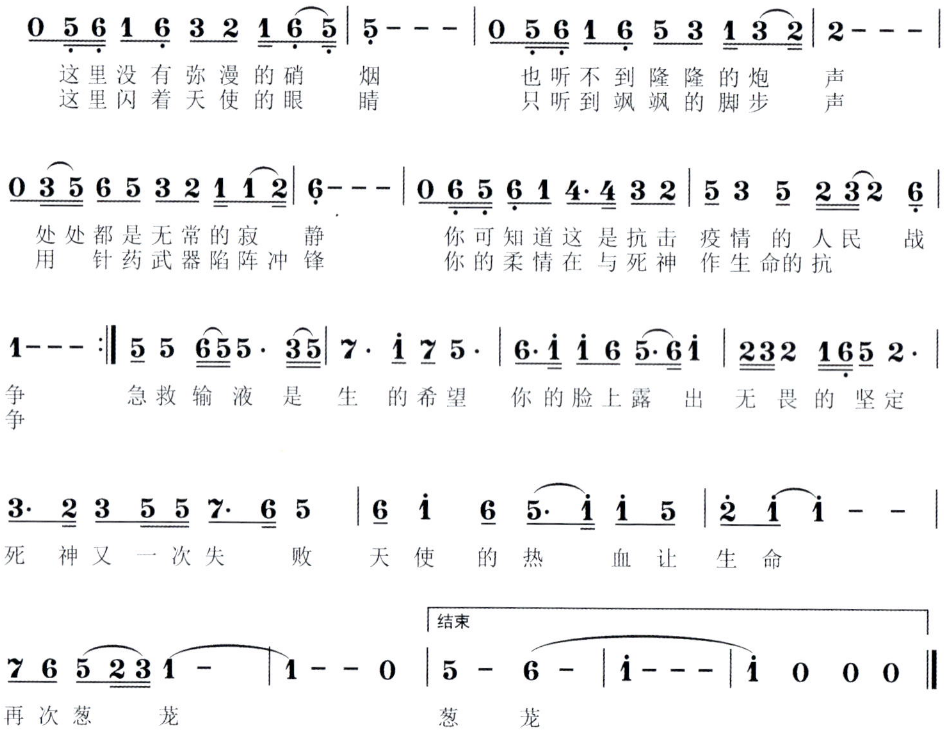

0 5 6 1 6 3 2 1 6 5 | 5 - - - | 0 5 6 1 6 5 3 1 3 2 | 2 - - - |
这里没有弥漫的硝 烟 也听不到隆隆的炮 声
这里闪着天使的眼 睛 只听到飒飒的脚步 声

0 3 5 6 5 3 2 1 1 2 | 6 - - - | 0 6 5 6 1 4· 4 3 2 | 5 3 5 2 3 2 6 |
处处都是无常的寂 静 你可知道这是抗击 疫情 的 人民 战
用 针药武器陷阵冲 锋 你的柔情在与死神 作生命的抗

1 - - - :‖ 5 5 6 5 5· 3 5 | 7· 1 7 5· | 6· 1 1 6 5· 6 1 | 2 3 2 1 6 5 2· |
争 急救输液 是 生 的希望 你的脸上露 出 无 畏 的 坚定
争

3· 2 3 5 5 7· 6 5 | 6 1 6 5· 1 1 5 | 2 1 1 - - |
死 神又一次失 败 天 使 的热 血 让 生 命

7 6 5 2 3 1 - | 1 - - 0 | 结束 5 - 6 - | 1 - - - | 1 0 0 0 ‖
再次葱 茏 葱 茏

天使柔情

张永智 词
李 虹 曲

♩= 80 深情、赞美地
这里没有弥漫的硝 烟 也听不到隆隆的炮 声
这里闪着天使的眼 睛 只听到飒飒的脚步 声
5
处处都是无常的寂 静 你可知道这 是抗 击
用 针药武器陷阵冲 锋 你的柔情在 与死 神
8
疫情的人民 战 争 急救输液是 生 的希 望 你的脸上露 出
作生命的抗 争
13
无 畏 的 坚 定 死 神又一次失 败 天使 的热 血让 生命
17
再次葱 茏 结束 葱 茏

原创歌曲:《忘不了》

作品简介

作品2020年4月入围由内蒙古自治区党委宣传部、自治区党委网信办、自治区卫生健康委员会主办，内蒙古日报社承办的内蒙古“最受欢迎抗疫歌曲”活动。

忘不了

赵晓蕊 词
薛 岗 曲

1=C $\frac{4}{4}$ $\frac{2}{4}$
每分钟80拍

忘 不了 离 别 时 孩 子 婆 娑 的 泪 眼 忘 不了 告 别 时 亲 人
忘 不了 火 雷 建 设 的 通 宵 达 旦 忘 不了 重 症 病 房 的

盼 归 的 誓 言 忘 不了 风 雨 里 送 来 的 物 资 救 援
日 夜 无 眠 忘 不了 剪 下 秀 发 的 无 声 哽 咽

忘 不了 颠 簸 中 派 送 的 爱 心 晚 餐 不 管 付 出 多 少 艰 苦 我 要
忘 不了 防 护 服 下 抉 择 的 艰 难 相 隔 万 水 千 山 与 你

将 你 守 护 无 论 遇 到 多 大 险 阻 我 要 将 你 救
守 望 相 助 踏 遍 荆 棘 坎 坷 与 你 风 雨 同

助 中 华 儿 女 是 一 家 共 担 使 命 任
路 中 华 儿 女 是 一 家 共 担 使 命 任

务 阴 霾 过 后 春 风 里 共 赏 樱 花 飞 舞 阴 霾
务 阴 霾 过 后 春 风 里 共 赏 樱 花 飞 舞

过 后 春 风 里 共 赏 樱 花 飞 舞

忘不了

赵晓蕊 词
薛 岗曲

♩ = 80
忘 不了离别时孩子 婆娑的泪眼 忘 不了告别时亲人 盼归 的誓言
忘 不了火雷建设的 通宵达 旦 忘 不了重症病房的 日夜无 眠
忘 不了 风雨里送来的 物资 救援 忘 不了颠簸中 派送的 爱心 晚
忘 不了 剪下 秀发的 无声 哽咽 忘 不了防护服 下 抉 择的 艰
餐 不管付出 多少艰苦 我要将你 守 护 无论遇到 多大险
难 相隔万水 千 山 与你守望 相 助 踏遍荆棘 坎
阻 我要将你 救 助 中华 儿女 是 一家 共担
坷 与你 风雨 同 路 中华 儿女 是 一家 共担
使命 任 务 阴霾 过后 春风 里 共赏 樱花 飞 舞 阴霾
使命 任 务 阴霾 过后 春风 里 共赏 樱花 飞 舞
过后 春风 里 共赏 樱花 飞 舞

原创歌曲：《光》

作品简介

作品2020年4月入围由内蒙古自治区党委宣传部、自治区党委网信办、自治区卫生健康委员会主办，内蒙古日报社承办的内蒙古“最受欢迎抗疫歌曲”活动。

光

薛岗 词
薛岗 曲

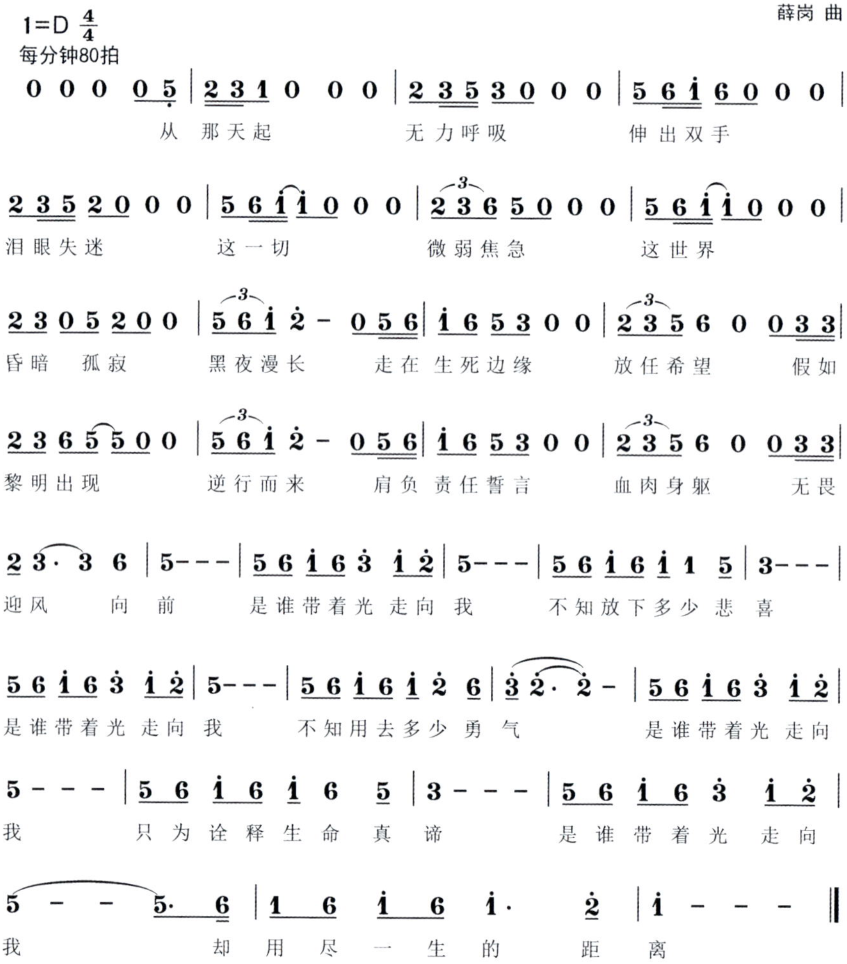

1=D $\frac{4}{4}$
每分钟80拍

从 那天起 无力呼吸 伸出双手
泪眼失迷 这一切 微弱焦急 这世界
昏暗 孤寂 黑夜漫长 走在 生死边缘 放任希望 假如
黎明出现 逆行而来 肩负 责任誓言 血肉身躯 无畏
迎风 向 前 是谁带着光 走向 我 不知放下多少 悲 喜
是谁带着光 走向 我 不知用去多少 勇 气 是谁带着光 走向
我 只为诠释生命 真 谛 是谁带着光 走向
我 却 用 尽 一 生 的 距 离

光

薛岗 词
薛岗 曲

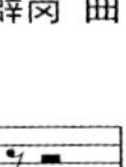

♩ = 80

从 那天起　无力呼吸　伸出双手　泪眼失迷

6 这一切　微弱焦急　这世界　昏暗 孤寂

10 黑夜漫长　走在 生死边缘　放任希望　假如 黎明出现

14 逆行而来　肩负 责任誓言　血肉身躯　无畏迎风　向 前

19 是谁带着光走向 我　不知放下多少悲 喜　是谁带着光走向 我

25 不知用去多少勇 气　是谁带着光走向 我　只为诠释生命真

30 谛　是谁带着光 走向 我　却 用尽一生的 距 离

原创歌曲：《信仰的坚守》

作品简介

作品荣获神东2022年“社会主义是干出来的”主题原创歌曲征集二等奖。

信仰的坚守

韩浩波 词
李晓光 曲

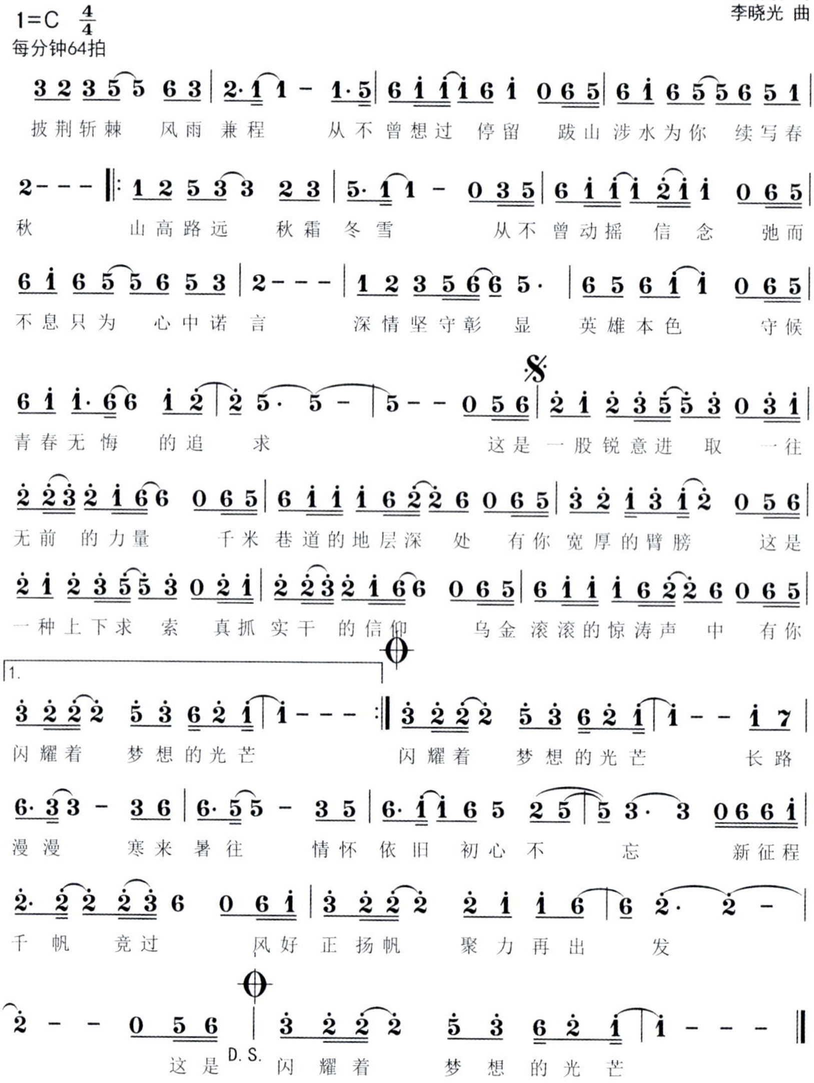

1=C $\frac{4}{4}$
每分钟64拍
3 2 3 5 5 6 3 | 2·1 1 - 1·5 | 6 1 1 1 6 1 0 6 5 | 6 1 6 5 5 6 5 1 |

披荆斩棘 风雨 兼程 从不曾想过 停留 跋山涉水为你 续写春

2 - - - ‖ 1 2 5 3 3 2 3 | 5·1 1 - 0 3 5 | 6 1 1 1 2 1 1 0 6 5 |
秋 山高路远 秋霜 冬雪 从不曾动摇 信 念 弛而

6 1 6 5 5 6 5 3 | 2 - - - | 1 2 3 5 6 6 5· | 6 5 6 1 1 0 6 5 |
不息只为 心中诺 言 深情坚守彰 显 英雄本色 守候

6 1 1·6 6 1 2 | 2 5· 5 - | 5 - - 0 5 6 | 2 1 2 3 5 5 3 0 3 1 |
青春无悔 的追 求 这是 一股锐意进 取 一往

2 2 3 2 1 6 6 0 6 5 | 6 1 1 1 6 2 2 6 0 6 5 | 3 2 1 3 1 2 0 5 6 |
无前 的力量 千米 巷道的地层深 处 有你 宽厚的臂膀 这是

2 1 2 3 5 5 3 0 2 1 | 2 2 3 2 1 6 6 0 6 5 | 6 1 1 1 6 2 2 6 0 6 5 |
一种上下求 索 真抓 实干 的信仰 乌金 滚滚的惊涛声 中 有你
1.
3 2 2 2 5 3 6 2 1 | 1 - - - ‖ 3 2 2 2 5 3 6 2 1 | 1 - - 1 7 |

6·3 3 - 3 6 | 6·5 5 - 3 5 | 6 1 1 6 5 2 5 | 5 3· 3 0 6 6 1 |

2·2 2 2 3 6 0 6 1 | 3 2 2 2 2 1 1 6 6 2· 2 - |
闪耀着 梦想的光芒 闪耀着 梦想的光芒 长路
漫漫 寒来 暑往 情怀 依旧 初心 不 忘 新征程
千 帆 竞过 风好 正 扬帆 聚 力 再出 发
这 是 D.S. 闪 耀 着 梦 想 的光 芒

信仰的坚守

韩浩波 词
李晓光 曲

♩ = 64
披荆斩棘 风雨 兼程 从不曾想过 停留 跋山涉水为你 续写春
秋 山高路远 秋霜 冬 雪 从不 曾动摇 信 念 弛而
不息只为 心中诺 言 深情坚守彰 显 英雄本色 守候
青春无悔 的追 求 这是 一股锐意进 取 一往
无前 的力量 千米巷道的地层深 处 有你宽厚的臂膀 这是一种上下求 索 真抓
实干 的信仰 乌金 滚滚的惊涛声 中 有你 闪耀着 梦想的光芒
闪耀着 梦想的光芒 长路 漫漫 寒来 暑往 情怀
依旧 初心不 忘 新征程千帆 竞过 风好正扬帆 聚力再出
发 这是 D. S. 闪耀着 梦想的光芒

原创歌曲：《神东脚步　中国速度》

作品简介

作品荣获神东2022年“社会主义是干出来的”主题原创歌曲征集二等奖。

神东脚步　中国速度

李占杰 词
高　乐 曲

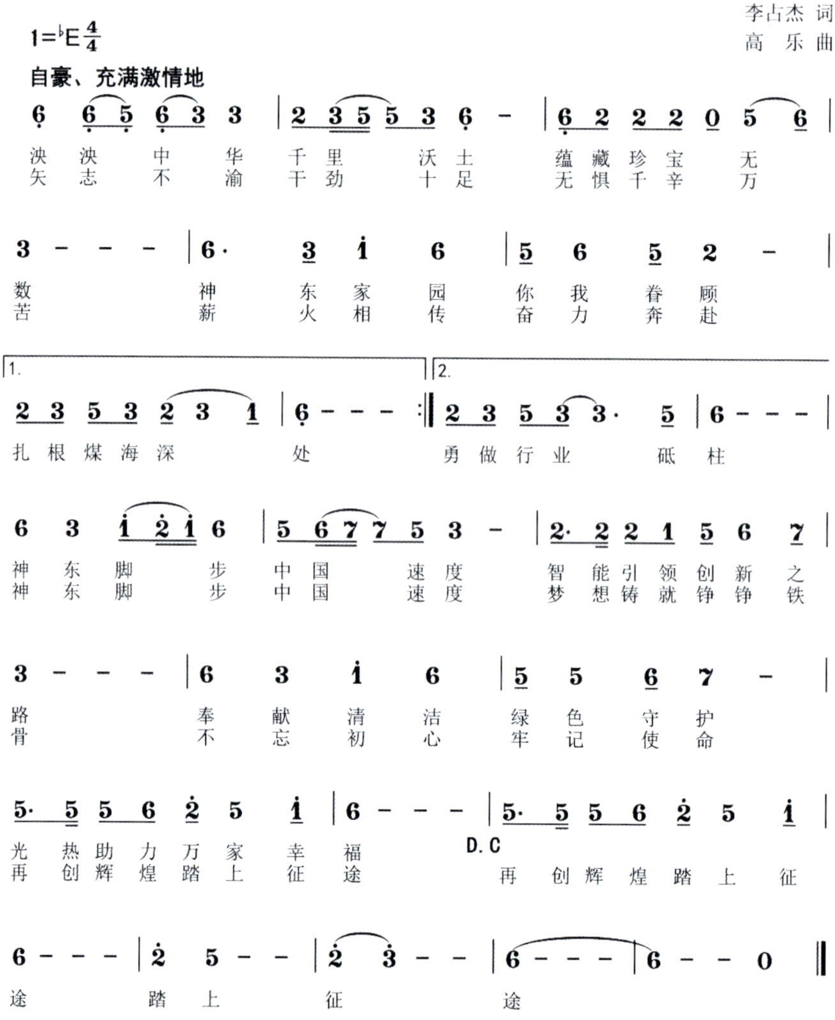

1=♭E 4/4

自豪、充满激情地

泱泱中华千里沃土蕴藏珍宝无
矢志不渝干劲十足无惧千辛万

数 神东家园 你我眷顾
苦 薪火相传 奋力奔赴

1. 扎根煤海深处
2. 勇做行业砥柱

神东脚步 中国速度 智能引领创新之
神东脚步 中国速度 梦想铸就铮铮铁

路 奉献清洁 绿色守护
骨 不忘初心 牢记使命

光热助力万家幸福
再创辉煌踏上征途

D.C

再创辉煌踏上征

途 踏上 征 途

神东脚步 中国速度

李占杰 词
高 乐 曲
自豪、充满激情地
泱泱中华千里沃土蕴藏珍宝无
矢志不渝干劲十足无惧千辛万
数 神东家园你我眷顾
苦 薪火相传奋力奔赴
扎根煤海深处
勇做行业砥柱
神东脚步中国速度智能引领创新之
神东脚步中国速度梦想铸就铮铮铁
路 奉献清洁绿色守护
骨 不忘初心牢记使命
光热助力万家幸福
D.C
再创辉煌踏上征途 再创辉煌踏上征
途 踏上征途

原创歌曲：《老周的手》

作品简介

作品荣获神东2022年“社会主义是干出来的”主题原创歌曲征集三等奖。

老周的手

1=D $\frac{4}{4}$

高汉武 词
刘川郁 曲

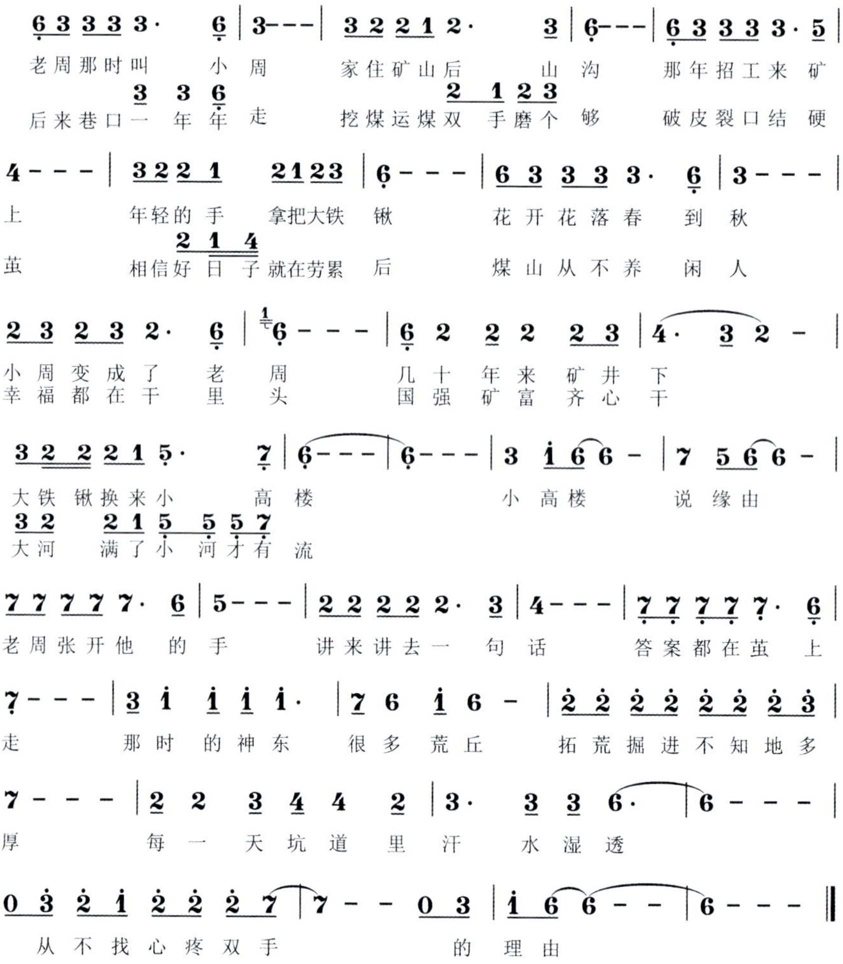

老周那时叫小周 家住矿山后山沟 那年招工来矿上
后来巷口一年年走 挖煤运煤双手磨个够 破皮裂口结硬茧

年轻的手 拿把大铁锹 花开花落春到秋
相信好日子就在劳累后 煤山从不养闲人

小周变成了老周 几十年来矿井下
幸福都在干里头 国强矿富齐心干

大铁锹换来小高楼 小高楼 说缘由
大河满了小河才有流

老周张开他的手 讲来讲去一句话 答案都在茧上走
那时的神东 很多荒丘 拓荒掘进不知地多厚
每一天坑道里汗水湿透
从不找心疼双手 的理由

老周的手

高汉武 词
刘川郁 曲

老周那时叫 小 周 家住矿山后 山 沟 那年招工来 矿
后来巷口一 年年 走 挖煤运煤双 手磨个 够 破皮裂口结 硬
上 年轻的手 拿把大铁 锹 花开花落春 到 秋
茧 相信好日子就在劳累 后 煤山从不养 闲 人
小周变成了 老 周 几十 年来 矿井 下
幸福都在干 里 头 国强 矿富 齐心 干
大铁锹换来小 高 楼 小 高楼 说 缘由
大河 满了小 河才有 流
老周张开他 的 手 讲来讲去一 句 话 答案都在茧 上
走 那时 的神东 很多 荒丘 拓荒掘进不知地多 厚
每一天坑道里 汗 水湿透 从不找心疼双手 的 理由

原创歌曲：《社会主义是干出来的》

作品简介

作品荣获神东2022年“社会主义是干出来的”主题原创歌曲征集优秀奖。

社会主义是干出来的

姜远林 词
许明坤 曲

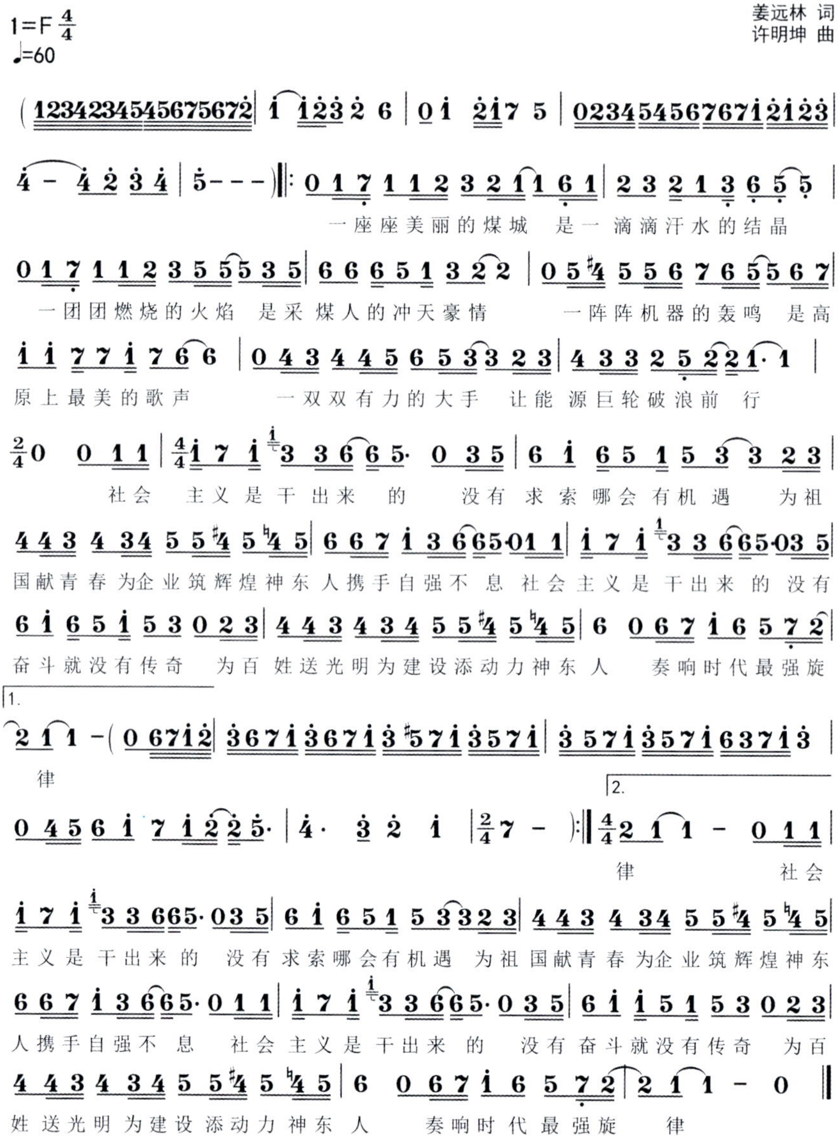

1=F 4/4
♩=60

一座座美丽的煤城 是一滴滴汗水的结晶
一团团燃烧的火焰 是采煤人的冲天豪情 一阵阵机器的轰鸣 是高
原上最美的歌声 一双双有力的大手 让能源巨轮破浪前行
社会主义是干出来的 没有求索哪会有机遇 为祖
国献青春 为企业筑辉煌神东人携手自强不息 社会主义是干出来的 没有
奋斗就没有传奇 为百姓送光明为建设添动力神东人 奏响时代最强旋
律
律 社会
主义是干出来的 没有求索哪会有机遇 为祖国献青春 为企业筑辉煌神东
人携手自强不息 社会主义是干出来的 没有奋斗就没有传奇 为百
姓送光明为建设添动力神东人 奏响时代最强旋律

社会主义是干出来的

姜远林 词
许明坤 曲

一座座美丽的煤城 是一 滴滴汗水的结晶
一团团燃烧的火焰 是采煤人的冲天豪情 一阵阵机器的轰鸣 是高
原上最美的歌声 一双双有力的大手 让能源巨轮破浪前 行 社会
主义是 干出来 的 没有 求索哪会有机遇 为祖 国献青春为企业筑辉煌神东
人携手自强不 息 社会 主义是 干出来 的 没有 奋斗就没有传奇 为百
姓送光明为建设添动力神东 人 奏响时代最强旋 律
律 社会 主义是 干出来 的 没有 求索哪会有机遇 为祖
国献青春为企业筑辉煌神东 人携手自强不 息 社会 主义是 干出来 的 没有
奋斗就没有传奇 为百 姓送光明为建设添动力神东 人 奏响时代最强旋 律

原创歌曲：《咱们神东人》

作品简介

作品荣获神东2022年“社会主义是干出来的”主题原创歌曲征集优秀奖。

咱们神东人

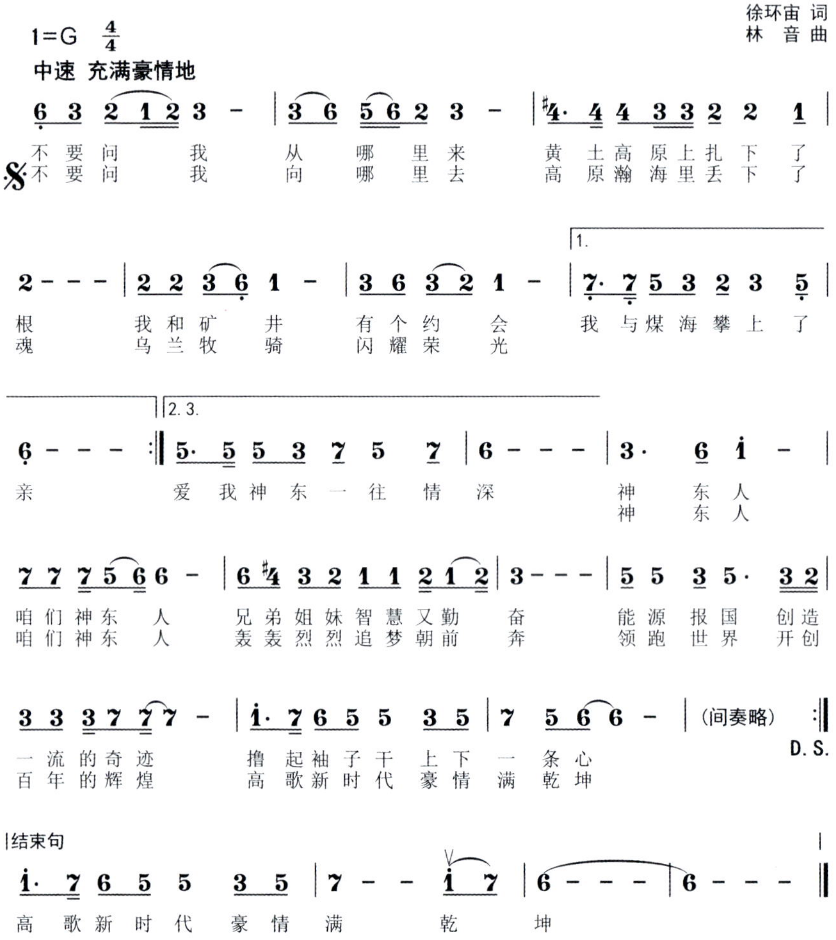

徐环宙 词
林 音 曲

1=G 4/4

中速 充满豪情地

6 3 2 1 2 3 - | 3 6 5 6 2 3 - | #4· 4 4 3 3 2 2 1 |

不要问 我 从哪里来 黄土高原上扎下了

𝄋 不要问 我 向哪里去 高原瀚海里丢下了

2 - - - | 2 2 3 6 1 - | 3 6 3 2 1 - | 1. 7· 7 5 3 2 3 5 |

根 我和矿 井 有个约 会 我与煤海攀上了

魂 乌兰牧 骑 闪耀荣 光

6 - - - :‖ 2. 3. 5· 5 5 3 7 5 7 | 6 - - - | 3· 6 1 - |

亲 爱我神东一往情 深 神 东 人

神 东 人

7 7 7 5 6 6 - | 6 #4 3 2 1 1 2 1 2 | 3 - - - | 5 5 3 5· 3 2 |

咱们神东 人 兄弟姐妹智慧又勤 奋 能源报国 创造

咱们神东 人 轰轰烈烈追梦朝前 奔 领跑世界 开创

3 3 3 7 7 7 - | 1· 7 6 5 5 3 5 | 7 5 6 6 - | （间奏略） :‖

一流的奇迹 撸起袖子干 上下 一 条心

百年的辉煌 高歌新时代 豪情 满 乾坤

D. S.

结束句

1· 7 6 5 5 3 5 | 7 - - 1 7 | 6 - - - | 6 - - - ‖

高 歌新时代 豪情满 乾 坤

咱们神东人

徐环宙 词
林 音曲

♩=88 充满豪情地
不要问 我 从 哪 里来 黄土高原上扎下了
不要问 我 向 哪 里去 高原瀚海里丢下了
根 我和矿 井 有个约 会 我与煤海攀上了
魂 乌兰牧 骑 闪耀荣 光
1.
亲
2.3.
爱我神东一往 情深 神 东人
神 东人
咱们神东 人 兄弟姐妹智慧又勤 奋 能源 报国 创造
咱们神东 人 轰轰烈烈追梦朝前 奔 领跑 世界 开创
一流的奇迹 撸起袖子干 上下 一 条心
百年的辉煌 高 歌新时代 豪情 满 乾坤
D.S.
结束句
高 歌新时代 豪情 满 乾 坤

原创歌曲：《创百年神东》

作品简介

作品荣获神东2022年“社会主义是干出来的”主题原创歌曲征集优秀奖。

创百年神东

1=♯F 4/4

♩=80 自豪地

王振云 词
范家慧 曲

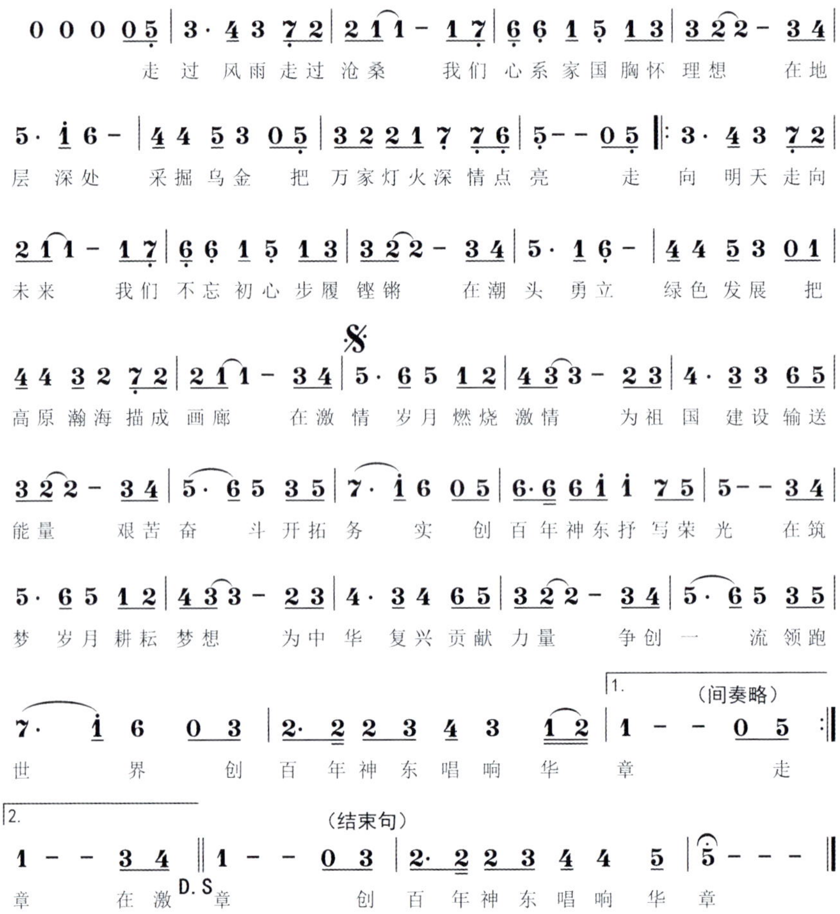

0 0 0 0 5 | 3· 4 3 7 2 | 2 1 1 - 1 7 | 6 6 1 5 1 3 | 3 2 2 - 3 4 |

走过风雨走过沧桑 我们心系家国胸怀理想 在地

5· 1 6 - | 4 4 5 3 0 5 | 3 2 2 1 7 7 6 | 5 - - 0 5 ‖: 3· 4 3 7 2 |

层深处 采掘乌金 把万家灯火深情点亮 走向明天走向

2 1 1 - 1 7 | 6 6 1 5 1 3 | 3 2 2 - 3 4 | 5· 1 6 - | 4 4 5 3 0 1 |

未来 我们不忘初心步履铿锵 在潮头勇立 绿色发展 把

4 4 3 2 7 2 | 2 1 1 - 3 4 | 𝄋 5· 6 5 1 2 | 4 3 3 - 2 3 | 4· 3 3 6 5 |

高原瀚海描成画廊 在激情岁月燃烧激情 为祖国建设输送

3 2 2 - 3 4 | 5· 6 5 3 5 | 7· 1 6 0 5 | 6·6 6 1 1 7 5 | 5 - - 3 4 |

能量 艰苦奋斗开拓务实 创百年神东抒写荣光 在筑

5· 6 5 1 2 | 4 3 3 - 2 3 | 4· 3 4 6 5 | 3 2 2 - 3 4 | 5· 6 5 3 5 |

梦岁月耕耘梦想 为中华复兴贡献力量 争创一流领跑

7· 1 6 0 3 | 2· 2 2 3 4 3 1 2 | 1. 1 - - 0 5 :‖ （间奏略）

世界 创百年神东唱响华章 走

2. 1 - - 3 4 ‖ D.S （结束句） 1 - - 0 3 | 2· 2 2 3 4 4 5 | 5 - - - ‖

章 在激 章 创百年神东唱响华章

创百年神东

♩=80 自豪地
王振云 词
范家慧 曲
走过风雨走过沧桑 我们心系家国胸怀理想 在地
层深处 采掘乌金 把万家灯火深情点亮 走
向明天走向未来 我们不忘初心步履铿锵 在潮
头勇立 绿色发展 把高原瀚海描成画廊 在激
情岁月燃烧激情 为祖国建设输送能量 艰苦
奋斗开拓务实 创百年神东抒写荣光 在筑
梦岁月耕耘梦想 为中华复兴贡献力量 争创
一流领跑世界 创百年神东唱响华章 走
1.
（间奏略）
2.
章 在激
D.S
（结束句）
章 创百年神东唱响华章

原创歌曲：《今天的神东人》

作品简介

作品荣获神东2022年“社会主义是干出来的”主题原创歌曲征集优秀奖。

今天的神东人

张青松 词
张溪原 曲

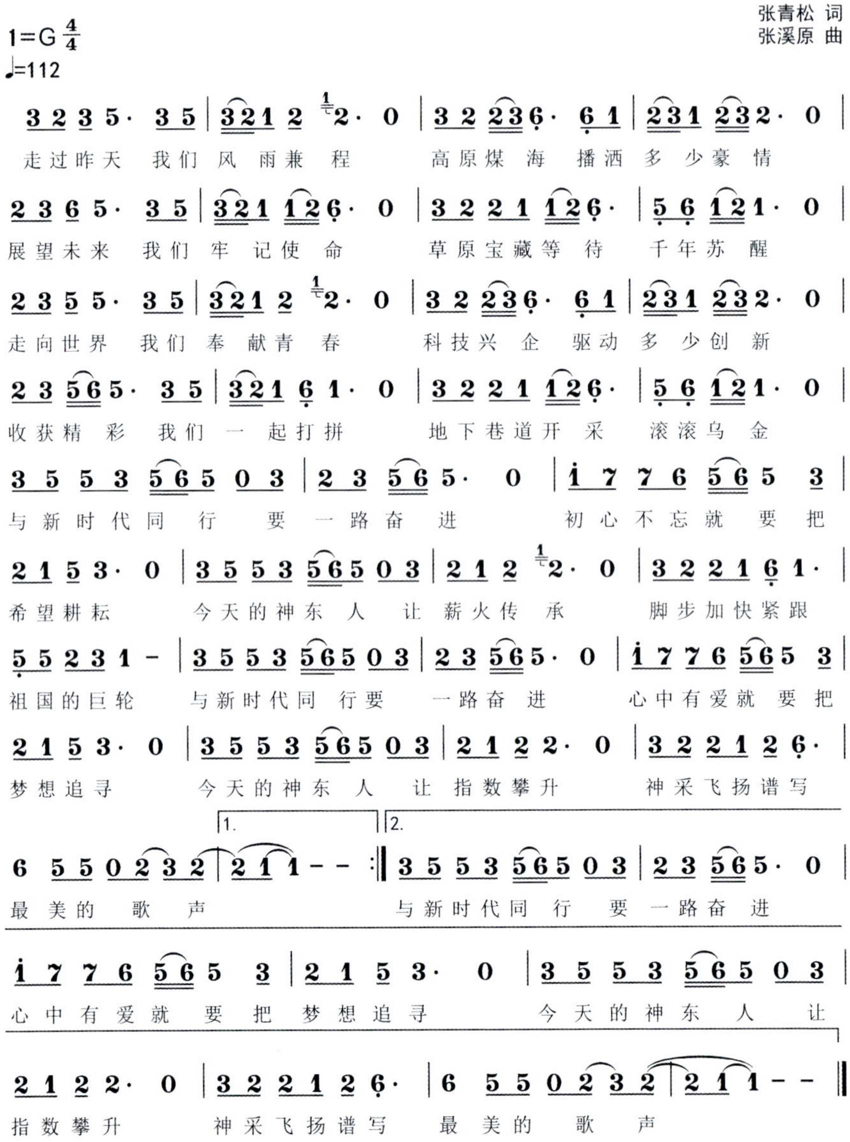

1=G 4/4
♩=112

3 2 3 5· 3 5 | 3 2 1 2 ½2· 0 | 3 2 2 3 6· 6 1 | 2 3 1 2 3 2· 0 |
走过昨天 我们风雨兼程 高原煤海 播洒多少豪情

2 3 6 5· 3 5 | 3 2 1 1 2 6· 0 | 3 2 2 1 1 2 6· | 5 6 1 2 1· 0 |
展望未来 我们牢记使命 草原宝藏等待 千年苏醒

2 3 5 5· 3 5 | 3 2 1 2 ½2· 0 | 3 2 2 3 6· 6 1 | 2 3 1 2 3 2· 0 |
走向世界 我们奉献青春 科技兴企 驱动多少创新

2 3 5 6 5· 3 5 | 3 2 1 6 1· 0 | 3 2 2 1 1 2 6· | 5 6 1 2 1· 0 |
收获精彩 我们一起打拼 地下巷道开采 滚滚乌金

3 5 5 3 5 6 5 0 3 | 2 3 5 6 5· 0 | i 7 7 6 5 6 5 3 |
与新时代同行 要一路奋进 初心不忘就要把

2 1 5 3· 0 | 3 5 5 3 5 6 5 0 3 | 2 1 2 ½2· 0 | 3 2 2 1 6 1· |
希望耕耘 今天的神东人 让薪火传承 脚步加快紧跟

5 5 2 3 1 - | 3 5 5 3 5 6 5 0 3 | 2 3 5 6 5· 0 | i 7 7 6 5 6 5 3 |
祖国的巨轮 与新时代同行要 一路奋进 心中有爱就要把

2 1 5 3· 0 | 3 5 5 3 5 6 5 0 3 | 2 1 2 2· 0 | 3 2 2 1 2 6· |
梦想追寻 今天的神东人 让指数攀升 神采飞扬谱写

6 5 5 0 2 3 2 |[1.] 2 1 1 - - :||[2.] 3 5 5 3 5 6 5 0 3 | 2 3 5 6 5· 0 |
最美的歌声 与新时代同行 要一路奋进

i 7 7 6 5 6 5 3 | 2 1 5 3· 0 | 3 5 5 3 5 6 5 0 3 |
心中有爱就要把 梦想追寻 今天的神东人让

2 1 2 2· 0 | 3 2 2 1 2 6· | 6 5 5 0 2 3 2 | 2 1 1 - - ||
指数攀升 神采飞扬谱写 最美的歌声

今天的神东人

张青松 词
张溪原 曲

♩=112
走过昨天 我们 风 雨兼 程 高原煤 海 播洒 多 少豪 情
展望未来 我们 牢 记使 命 草原宝藏等 待 千年苏 醒
走向世界 我们 奉 献青 春 科技兴 企 驱动 多 少创 新
收获精 彩 我们 一 起打拼 地下巷道开 采 滚滚乌 金
与新时代同 行 要 一路奋 进 初心不忘就 要 把
希望耕耘 今天的神东 人 让 薪火传 承 脚步加快紧跟
祖国的巨轮 与新时代同 行要 一路奋 进 心中有爱就 要 把
梦想追寻 今天的神东 人 让 指数攀升 神采飞扬谱写
最美的 歌 声 与新时代同 行 要 一路奋 进
心中有爱就 要 把 梦想追寻 今天的神东 人 让 指数攀升
神 采 飞 扬 谱 写 最 美 的 歌 声

社会主义是干出来的

原创歌曲：《神东人，干！》

作品简介

作品荣获神东2022年“社会主义是干出来的”主题原创歌曲征集优秀奖。

神东人，干！

1=D $\frac{4}{4}$ $\frac{2}{4}$

♩=108 自信 有号召力地

高汉武 词
张占春 曲

曾经笑对苦和难 大西北走来我神东的汉
如今再破艰和难 新一程创业写神东的范

一脚踩住蒙晋陕 吞一口北风壮肝胆
千山泼墨绿画卷 互联的世界梦斑斓

掘得一山山乌金金灿灿 造一座煤城立云端
绽开一张张笑脸春风里 走一程煤海升千帆

立云端 啊 神东人 接着干 滴水来穿石
升千帆 啊 神东人 加油干 矿灯穿万巷

愚公又移山 啊 神东人 一起干
汗珠摔八瓣 啊 神东人 一起干

幸福要靠 要靠手上的茧 干才有
家国搁在 搁在我们的肩 干就能

干才有 丰衣足食日子甜 1. 2. 天 啊 D.S.
干就能 国胜矿兴梦飞

3. 天 国盛矿兴梦飞天

神东人，干！

高汉武 词
张占春 曲
♩=108 自信 有号召力地
曾经笑 对苦 和难 大西北 走来 我神东的汉
如今再 破艰 和难 新一程 创业 写神东的范
一脚 踩住 蒙晋陕 吞一口北风 壮肝胆
千山 泼墨 绿画卷 互联的世界 梦斑斓
掘得 一山山乌金金 灿灿 造一座煤城立 云端 立云
绽开 一张张笑脸春 风里 走一程煤海升 千帆 升千
端 啊 神东人 接 着干 滴水来穿石
帆 啊 神东人 加 油干 矿灯穿万巷
愚公 又移 山 啊 神东人 一 起干
汗珠 摔八 瓣 啊 神东人 一 起干
幸福要 靠 要靠手 上的 茧 干 才有
家国搁 在 搁在我 们的 肩 干 就能
干 才有 丰衣足食日子 甜 天 啊
干 就能 国胜矿兴梦飞
D.S.
天 国盛矿兴 梦 飞 天

原创歌曲：《让爱见证》

作品简介

2020年员工原创抗疫歌曲，表达了抗疫初期人们共同的祈盼，传递了抗疫必胜的信心。

让爱见证

张晓艳 词
薛　岗 曲

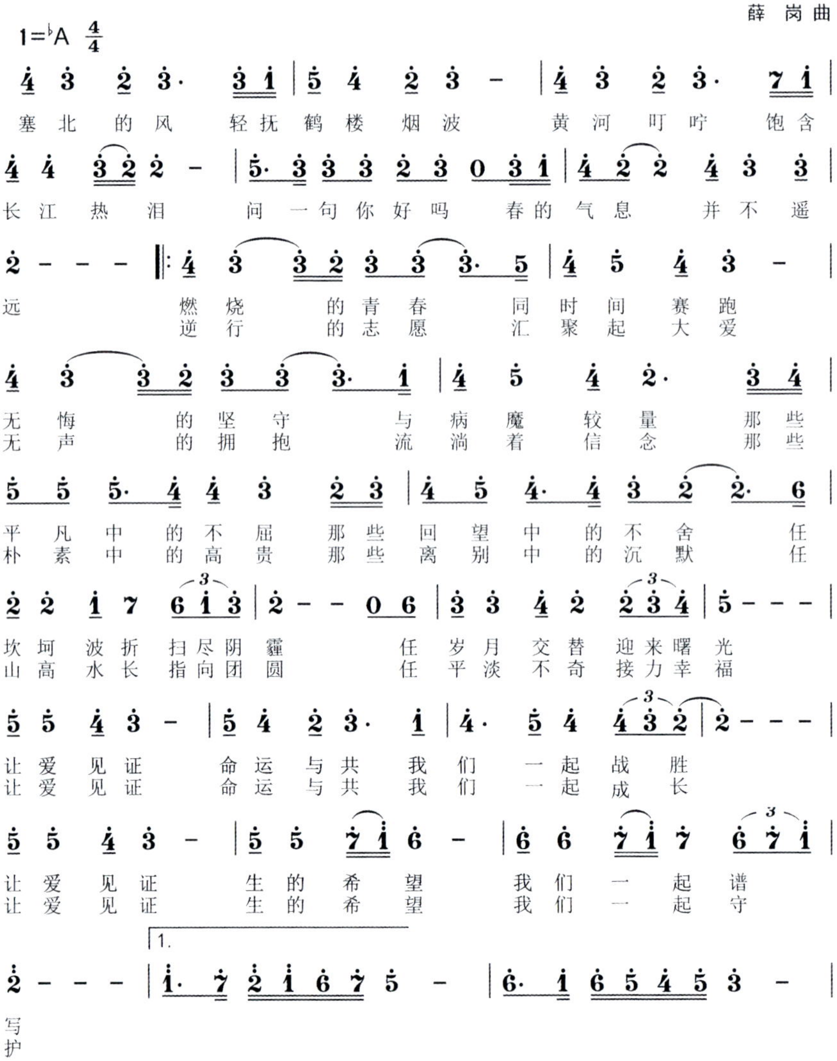

1=♭A $\frac{4}{4}$

塞北的风 轻抚鹤楼烟波 黄河叮咛 饱含
长江热泪 问一句你好吗 春的气息 并不遥
远 燃烧的青春 同时间赛跑
逆行的志愿 汇聚起大爱
无悔的坚守 与病魔较量 那些
无声的拥抱 流淌着信念 那些
平凡中的不屈 那些回望中的不舍 任
朴素中的高贵 那些离别中的沉默 任
坎坷波折 扫尽阴霾 任岁月交替 迎来曙光
山高水长 指向团圆 任平淡不奇 接力幸福
让爱见证 命运与共 我们一起战胜
让爱见证 命运与共 我们一起成长
让爱见证 生的希望 我们一起谱
让爱见证 生的希望 我们一起守
写
护

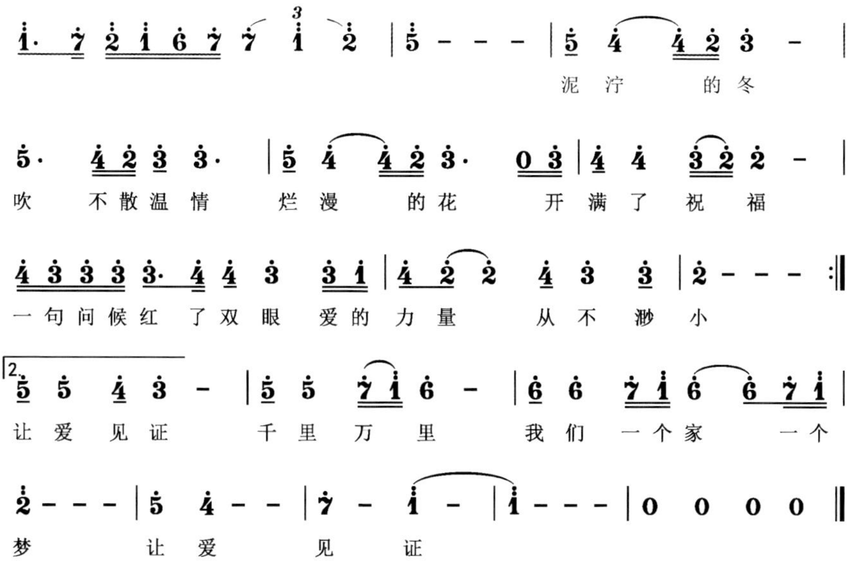

1· 7 2 1 6 7 7 1 2 | 5 - - - | 5 4 4 2 3 - |

泥 泞 的 冬

5· 4 2 3 3· | 5 4 4 2 3· 0 3 | 4 4 3 2 2 - |

吹 不散温情 烂 漫 的花 开 满 了 祝 福

4 3 3 3 3· 4 4 3 3 1 | 4 2 2 4 3 3 | 2 - - - :‖

一句问候红 了双 眼 爱的 力 量 从 不 渺 小

2.
5 5 4 3 - | 5 5 7 1 6 - | 6 6 7 1 6 6 7 1 |

让 爱 见 证 千 里 万 里 我 们 一个家 一个

2 - - - | 5 4 - - | 7 - 1 - | 1 - - - | 0 0 0 0 ‖

梦 让 爱 见 证

让爱见证

张晓艳 词
薛 岗 曲

03

与安全同行

安全生产是煤炭行业永恒的主题，是企业行稳致远的根本。40年来，神东牢固树立安全发展理念，始终把人民群众生命安全放在第一位，在长期的总结与实践中，形成了自己特有的安全文化和安全管理模式。神东文艺工作者走厂站、入矿井，送文化、送安全，营造了安全生产的良好氛围。

“与安全同行”篇章共收录《生命无价》《安全宣誓歌》等14个原创作品，用文艺作品唱响神东“生命至上 安全生产”的主旋律。

原创语言类作品:《生命无价》

编创人员

文体中心创作团队

原创语言类作品

图片来源：国能神东煤炭新闻中心

作品简介

安全生产是煤炭企业永恒不变的主题。该作品描述了故事人物任泰二，因打麻将入井后打瞌睡，没有及时执行停电指令。同时，维修电工马小虎也因安全意识淡薄带电维修，最终导致安全事故发生。作品以小见大，以情感人，教育引导广大员工要举一反三、深刻汲取事故教训，坚决杜绝不安全行为。作品随“喜迎十八大，安全神东行”基层慰问巡回演出20场次。

原创语言类作品：《井下班中餐》

编创人员

文体中心创作团队

图片来源：国能神东煤炭新闻中心

作品简介

神东在2013年开展了“奋战100天 追求零伤害”安全专项活动。《井下班中餐》以活动为背景，描述了井下工作面上矿长和员工在吃班中餐时，发生的有趣日常故事及安全问题的讨论。作品通过诙谐幽默的语言体现细腻丰满的人物形象，引发员工对安全的思考，反应了神东人爱岗敬业，爱企爱家的浓厚情怀。

原创语言类作品:《这个班这些年》

编创人员

崔俊春、石圪台煤矿“矿工先生”情景剧创作组

图片来源：国能神东煤炭新闻中心

作品简介

作品为国家能源集团2018年度煤炭产业班组建设现场会、神东2018年“奋进正当时 建功新时代”煤炭班组建设文化成果展示汇演原创节目。作品从一个班组的成长视角，展现神东矿井现代化管理及神东班组建设的成就，展示了神东员工艰苦奋斗、开拓务实、争创一流的精神风貌。

原创歌曲：《安全宣誓歌》

图片来源：《安全宣誓歌》宣传片

作品简介

2022年神东安全主题推广歌曲。作品以各单位班前会安全誓词为基础素材，用铿锵的旋律、嘹亮的歌声、昂扬的斗志，唱响一线矿工牢记安全、守护安全的铮铮誓言，展示神东人坚决贯彻落实“人民至上，生命至上”的安全发展理念，筑牢安全防线的坚定决心。

安全宣誓歌

创作组 词
李晓光 曲

1=G $\frac{4}{4}$
每分钟126拍

3· 3 3 2 1 6· 6 | 3 2 0 0 0 | 2· 2 2 3 5 2 | 3 – – 0 |
为了家人幸福我宣誓 遵守规程不违章
为了家人幸福我宣誓 安全嘱托记心上

6· 6 6 5 6 3· 1 | 3 2 0 0 0 | 2· 2 2 3 5 5 | 6 – – 0 |
为了工友安全我宣誓 联保互保不伤害
为了工友安全我宣誓 绝不三违零隐患

1· 5 1 2 3 1 | 5 5· 6 5 0 | 6· 6 6 5 3 6 5 | 5 – – 0 |
为了企业发展我宣誓 坚守红线不冒险
为了企业发展我宣誓 风险预控零事故

𝄋
6 6· 5 6 0 | 5 3· 1 2 0 | 2· 2 2 3 5 5 3 2 | 1 – – 0 :‖
生命至上 安全为天 牢记责任确保安全 D. S.

安全宣誓歌

创作组 词
李晓光 曲
♩= 126
为了家人幸福我宣誓 遵守规程不违章
为了家人幸福我宣誓 安全嘱托记心上
为了工友安全我宣誓 联保互保不伤害
为了工友安全我宣誓 绝不三违零隐患
为了企业发展我宣誓 坚守红线不冒险
为了企业发展我宣誓 风险预控零事故
生命至上 安全为天 牢记责任确保安全 D. S.

原创歌曲：《神东班组建设之歌》

原创歌曲

图片来源：国能神东煤炭新闻中心

作品简介

作品为神东2018年“奋进正当时 建功新时代”煤炭班组建设文化成果展示汇演原创主题歌曲。

神东班组建设之歌

1=♭B $\frac{2}{4}$

每分钟118拍

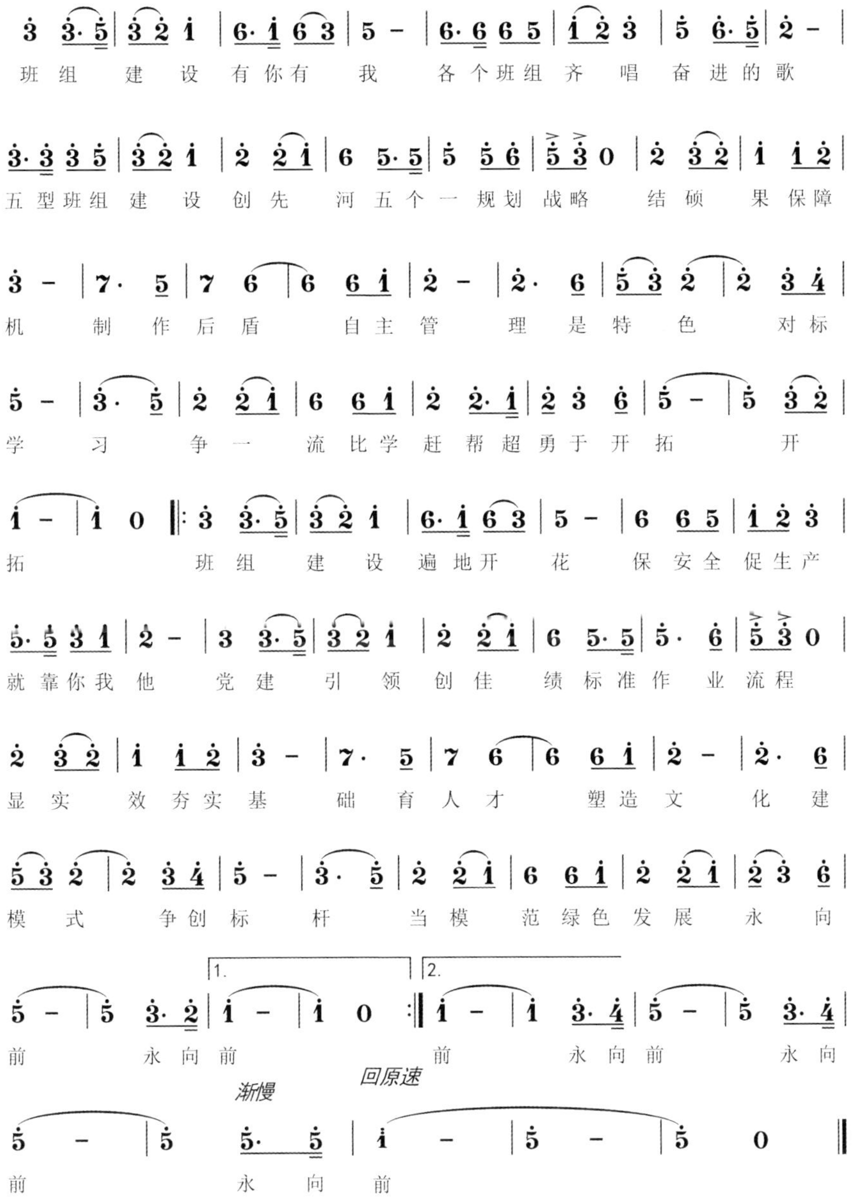

周海丰 词
李晓光 曲

班组建设有你有我 各个班组齐唱奋进的歌

五型班组建设创先河 五个一规划战略 结硕果保障

机制作后盾 自主管理是特色 对标

学习争一流 比学赶帮超勇于开拓 开

拓 班组建设遍地开花 保安全促生产

就靠你我他 党建引领创佳绩 标准作业流程

显实效 夯实基础育人才 塑造文化建

模式 争创标杆 当模范 绿色发展 永向

前 永向前 前 永向前 永向

渐慢 回原速

前 永向前

神东班组建设之歌

周海丰 词
李晓光 曲

♩= 118
班组建设有你有我 各个班组齐唱奋进的歌
五型班组建设创先河 五个一规划战略结硕果保障
机制作后盾 自主管理是特色 对标
学习争一流 比学赶帮超 勇于开拓 开
拓 班组建设遍地开花 保安全促生产
就靠你我他 党建引领创佳绩 标准作业流程
显实效 夯实基础 育人才 塑造文化建
模式 争创标杆 当模范 绿色发展永向
前 永向前 前 永向前 永向
渐慢 回原速
前 永向前

原创歌曲：《班组一家亲》

作品简介

作品为神东2018年“奋进正当时 建功新时代”煤炭班组建设文化成果展示主题汇演原创歌曲。

班组一家亲

李健威 韩文彬 词
李晓光 曲

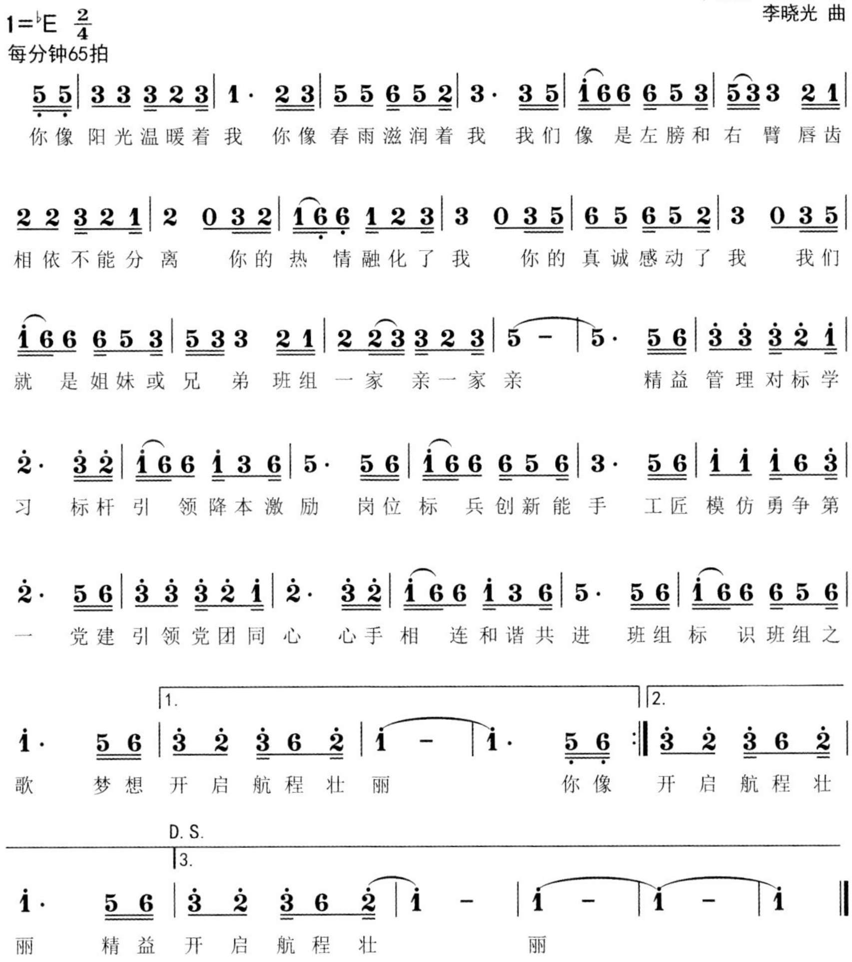

1=♭E $\frac{2}{4}$
每分钟65拍

5 5 | 3 3 3 2 3 | 1 · 2 3 | 5 5 6 5 2 | 3 · 3 5 | 1 6 6 6 5 3 | 5 3 3 2 1 |
你像阳光温暖着我 你像春雨滋润着我 我们像是左膀和右臂 唇齿

2 2 3 2 1 | 2 0 3 2 | 1 6 6 1 2 3 | 3 0 3 5 | 6 5 6 5 2 | 3 0 3 5 |
相依不能分离 你的热情融化了我 你的真诚感动了我 我们

1 6 6 6 5 3 | 5 3 3 2 1 | 2 2 3 3 2 3 | 5 – | 5 · 5 6 | 3 3 3 2 1 |
就是姐妹或兄弟 班组一家亲一家亲 精益管理对标学

2 · 3 2 | 1 6 6 1 3 6 | 5 · 5 6 | 1 6 6 6 5 6 | 3 · 5 6 | 1 1 1 6 3 |
习标杆引领降本激励 岗位标兵创新能手 工匠模仿勇争第

2 · 5 6 | 3 3 3 2 1 | 2 · 3 2 | 1 6 6 1 3 6 | 5 · 5 6 | 1 6 6 6 5 6 |
一党建引领党团同心 心手相连和谐共进 班组标识班组之

1 · 5 6 |[1. 3 2 3 6 2 | 1 – | 1 · 5 6 :||[2. 3 2 3 6 2 |
歌 梦想开启航程壮丽 你像 开启航程壮

1 · 5 6 | D. S. [3. 3 2 3 6 2 | 1 – | 1 – | 1 – | 1 ||
丽 精益开启航程壮 丽

班组一家亲

李健威 韩文彬 词
李晓光 曲
♩ = 65
你像阳光温暖着我 你像春雨滋润着我 我们像是左膀和右臂 唇齿
相依不能分离 你的热情融化了我 你的真诚感动了我 我们
就是姐妹或兄弟 班组一家亲一家亲 精益管理对标学
习 标杆引领降本激励 岗位标兵创新能手 工匠模仿勇争第
一 党建引领党团同心 心手相连和谐共进 班组标识班组之
歌 梦想开启航程壮丽 你像 开启航程壮
D. S.
丽 精益开启航程壮丽

原创歌曲：《我为你歌唱》

作品简介

来自矿井一线的原创歌曲，表达了对默默奉献的矿工兄弟的深厚情谊。作品曾在公司文化下基层巡演中演唱。

我为你歌唱

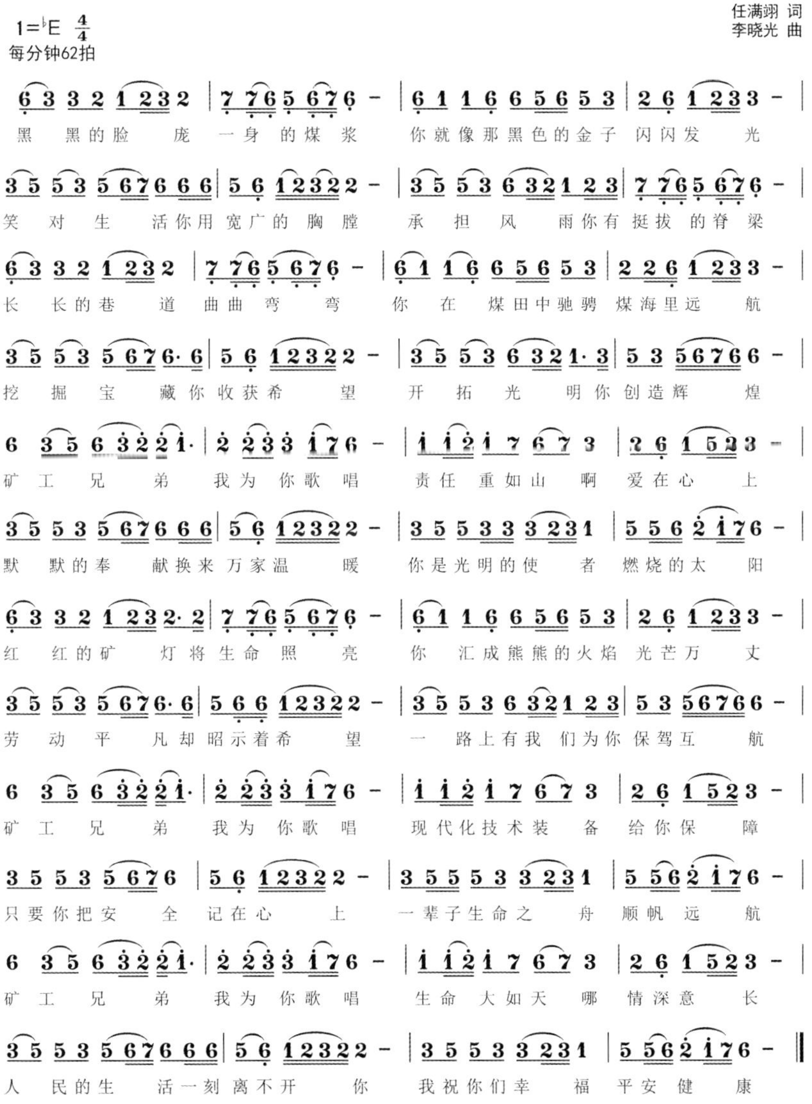

1=♭E $\frac{4}{4}$
每分钟62拍

任满翊 词
李晓光 曲

黑黑的脸庞 一身的煤浆 你就像那黑色的金子 闪闪发光

笑对生活你用宽广的胸膛 承担风雨你有挺拔的脊梁

长长的巷道 曲曲弯弯 你在煤田中驰骋 煤海里远航

挖掘宝藏你收获希望 开拓光明你创造辉煌

矿工兄弟 我为你歌唱 责任重如山 啊 爱在心上

默默的奉献换来万家温暖 你是光明的使者 燃烧的太阳

红红的矿灯将生命照亮 你汇成熊熊的火焰 光芒万丈

劳动平凡却昭示着希望 一路上有我们为你保驾互航

矿工兄弟 我为你歌唱 现代化技术装备 给你保障

只要你把安全记在心上 一辈子生命之舟 顺帆远航

矿工兄弟 我为你歌唱 生命大如天 哪 情深意长

人民的生活一刻离不开你 我祝你们幸福 平安健康

我为你歌唱

任满翊 词
李晓光 曲

♩ = 62

黑 黑的脸 庞 一身 的煤 浆 你就像那黑色的金子 闪闪发 光 笑 对 生 活你用

6 宽广的 胸 膛 承 担 风 雨你有挺拔 的脊 梁 长 长的巷 道 曲曲 弯 弯

11 你 在 煤田中驰骋 煤海里远 航 挖 掘 宝 藏你收获希 望 开 拓 光 明你

16 创造辉 煌 矿 工 兄 弟 我为 你歌 唱 责任 重如山 啊 爱在心 上

21 默 默的奉 献换来万家温 暖 你是光明的使 者 燃烧的太 阳 红 红的矿 灯将

26 生命 照 亮 你 汇成熊熊的火焰 光芒万 丈 劳 动 平 凡却昭示着希 望

31 一 路上有我 们为你保驾互 航 矿 工 兄 弟 我为 你歌 唱 现代化技术装 备

36 给你保 障 只要你把安 全 记在心 上 一辈子生命之 舟 顺帆 远 航

41 矿 工 兄 弟 我为 你歌 唱 生命 大如天 哪 情深意 长 人 民的生 活一刻

46 离 不 开 你 我 祝 你 们 幸 福 平 安 健 康

原创歌曲：《安全为天》

作品简介

作品在神东2018年“奋进正当时 建功新时代”煤炭班组建设文化成果展示汇演中演出。

安全为天

王海明 词
薛 岗 曲

1=E $\frac{2}{4}$

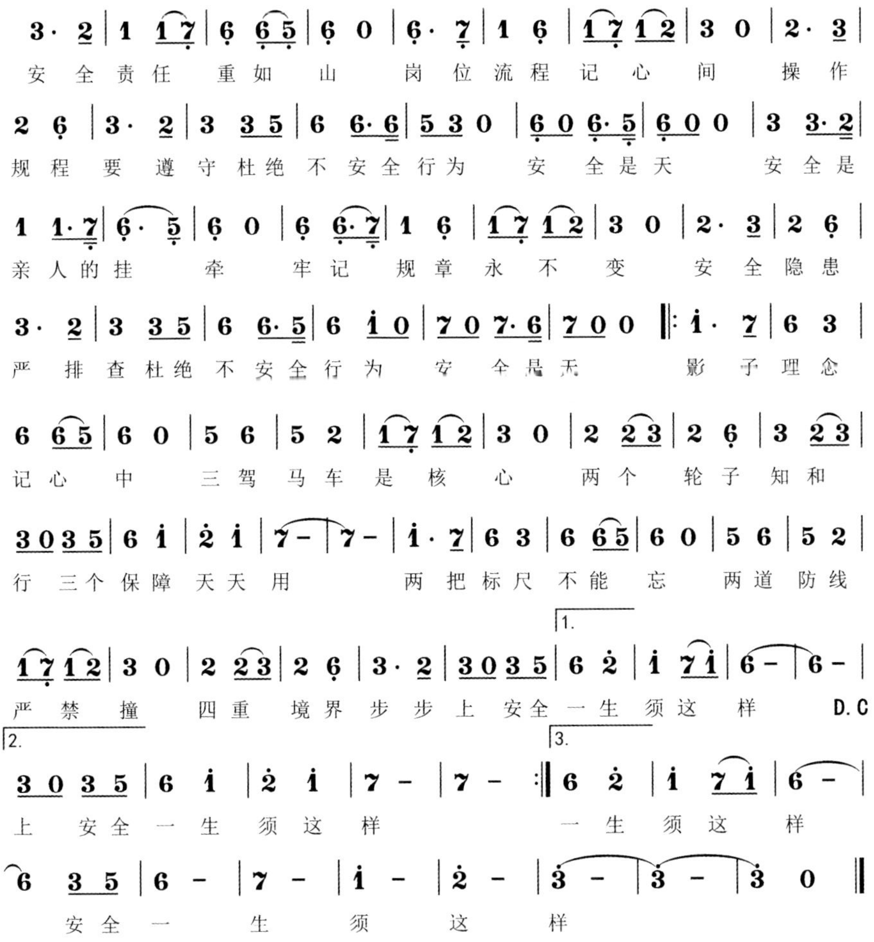

安 全 责 任 重 如 山 岗 位 流 程 记 心 间 操 作

规 程 要 遵 守 杜 绝 不 安 全 行 为 安 全 是 天 安 全 是

亲 人 的 挂 牵 牢 记 规 章 永 不 变 安 全 隐 患

严 排 查 杜 绝 不 安 全 行 为 安 全 是 天 影 子 理 念

记 心 中 三 驾 马 车 是 核 心 两 个 轮 子 知 和

行 三 个 保 障 天 天 用 两 把 标 尺 不 能 忘 两 道 防 线

1.

严 禁 撞 四 重 境 界 步 步 上 安 全 一 生 须 这 样 D.C

2. 3.

上 安 全 一 生 须 这 样 一 生 须 这 样

安 全 一 生 须 这 样

安全为天

王海明 词
薛 岗曲

原创歌曲：《大柳塔煤矿的风采》

作品简介

作品荣获神东2016年“新歌唱神东”主题原创歌曲征集合唱类二等奖。

大柳塔煤矿的风采

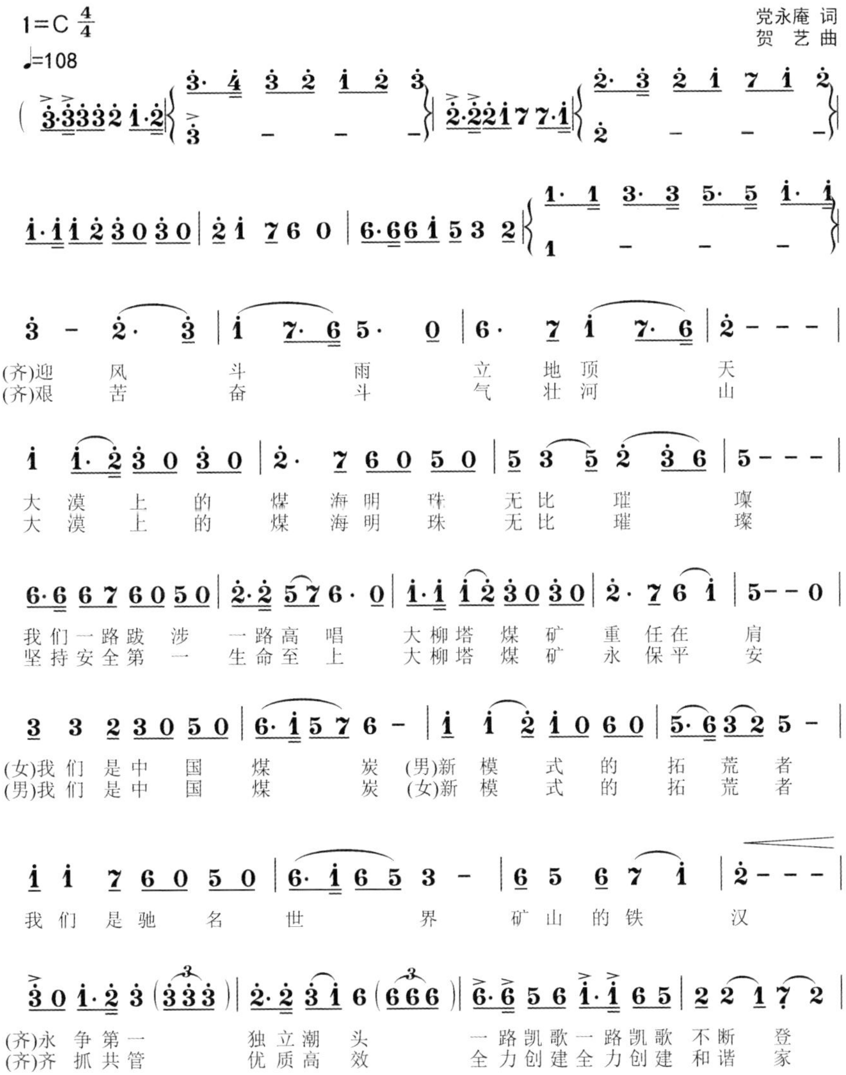

1=C $\frac{4}{4}$

♩=108

党永庵 词
贺　艺 曲

(齐)迎风斗雨 立地顶天
(齐)艰苦奋斗 气壮河山

大漠上的煤海明珠 无比璀璨
大漠上的煤海明珠 无比璀璨

我们一路跋涉 一路高唱 大柳塔煤矿 重任在肩
坚持安全第一 生命至上 大柳塔煤矿 永保平安

(女)我们是中国煤炭 (男)新模式的拓荒者
(男)我们是中国煤炭 (女)新模式的拓荒者

我们是驰名世界 矿山的铁汉

(齐)永争第一 独立潮头 一路凯歌一路凯歌 不断登
(齐)齐抓共管 优质高效 全力创建全力创建 和谐家

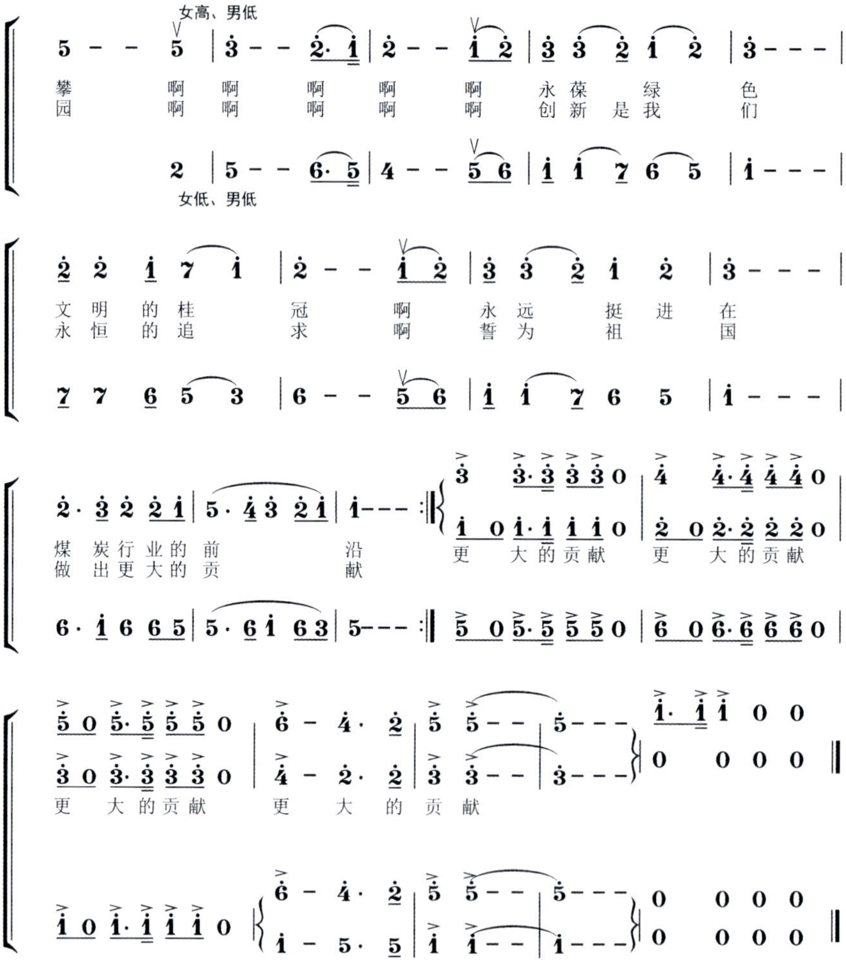

女高、男低

攀 啊 啊 啊 啊 啊 永葆 绿 色
园 啊 啊 啊 啊 啊 创新是我 们

女低、男低

文明的桂冠 啊 永远 挺进在
永恒的追求 啊 誓为 祖 国

煤炭行业的前沿 更大的贡献 更大的贡献
做出更大的贡献

更大的贡献 更大的贡献

大柳塔煤矿的风采

党永庵 词
贺　艺 曲

34
女高、男低
攀 啊 啊 啊 啊 啊 永葆 绿 色
园 啊 啊 啊 啊 啊 创新是我 们
女低、男低
39
文 明 的桂 冠 啊 永远 挺 进 在
永 恒 的追 求 啊 誓为 祖 国
43
煤 炭行 业的 前 沿 更 大的贡献 更 大的贡献
做 出更 大的 贡 献
48
更 大的贡献 更 大 的 贡 献

原创歌曲：《平安是福》

作品简介

作品荣获神东2016年“新歌唱神东”主题原创歌曲征集三等奖。

平安是福

云 飞 词
李晓光 曲

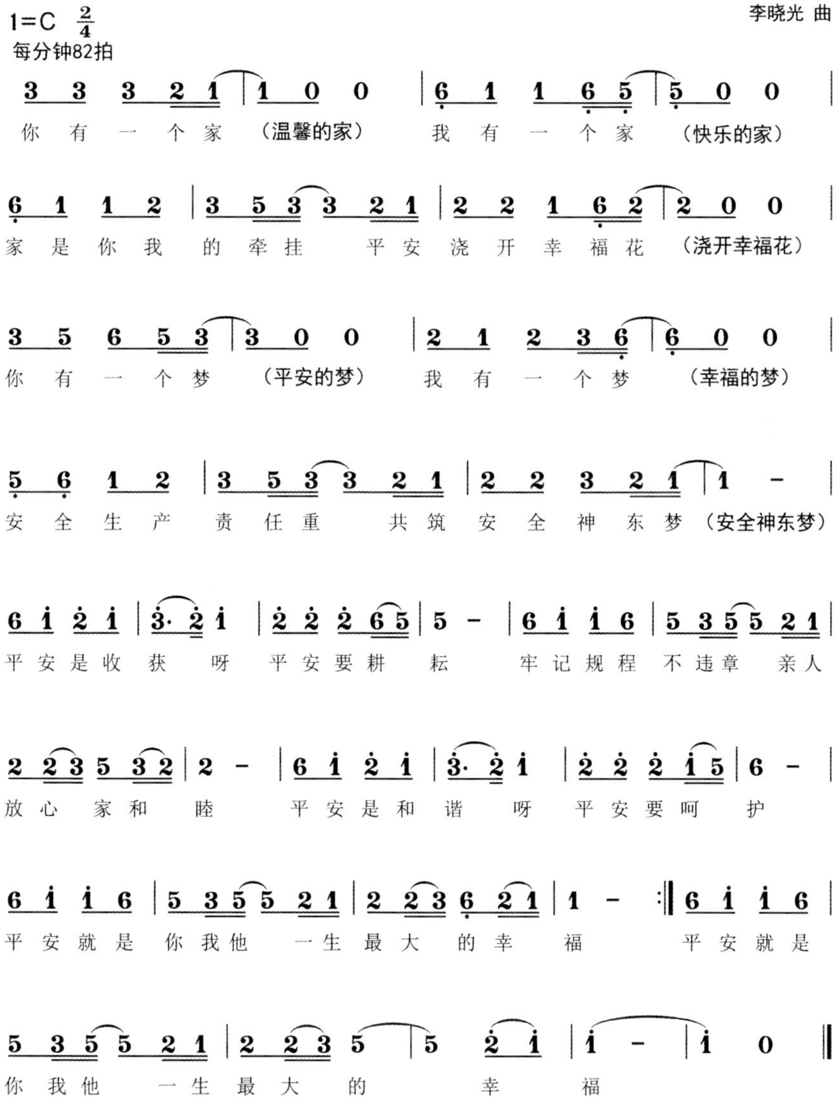

1=C $\frac{2}{4}$
每分钟82拍

你 有 一 个 家 （温馨的家） 我 有 一 个 家 （快乐的家）

家 是 你 我 的 牵 挂 平 安 浇 开 幸 福 花 （浇开幸福花）

你 有 一 个 梦 （平安的梦） 我 有 一 个 梦 （幸福的梦）

安 全 生 产 责 任 重 共 筑 安 全 神 东 梦 （安全神东梦）

平 安 是 收 获 呀 平 安 要 耕 耘 牢 记 规 程 不 违 章 亲 人

放 心 家 和 睦 平 安 是 和 谐 呀 平 安 要 呵 护

平 安 就 是 你 我 他 一 生 最 大 的 幸 福 平 安 就 是

你 我 他 一 生 最 大 的 幸 福

平安是福

云 飞 词
李晓光 曲
♩= 82
你 有 一 个 家 （温馨的家） 我 有 一 个 家 （快乐的家）
5
家 是 你 我 的 牵 挂 平 安 浇 开 幸 福 花 （浇开幸福花）
9
你 有 一 个 梦 （平安的梦） 我 有 一 个 梦 （幸福的梦）
13
安 全 生 产 责 任 重 共 筑 安 全 神 东 梦 （安全神东梦）
17
平 安 是 收 获 呀 平 安 要 耕 耘 牢 记 规 程 不 违 章 亲 人
23
放 心 家 和 睦 平 安 是 和 谐 呀 平 安 要 呵 护
29
平 安 就 是 你 我 他 一 生 最 大 的 幸 福 平 安 就 是
34
你 我 他 一 生 最 大 的 幸 福

原创歌曲：《平安上湾》

作品简介

作品荣获神东2016年“新歌唱神东”主题原创歌曲征集合唱类三等奖。

平安上湾

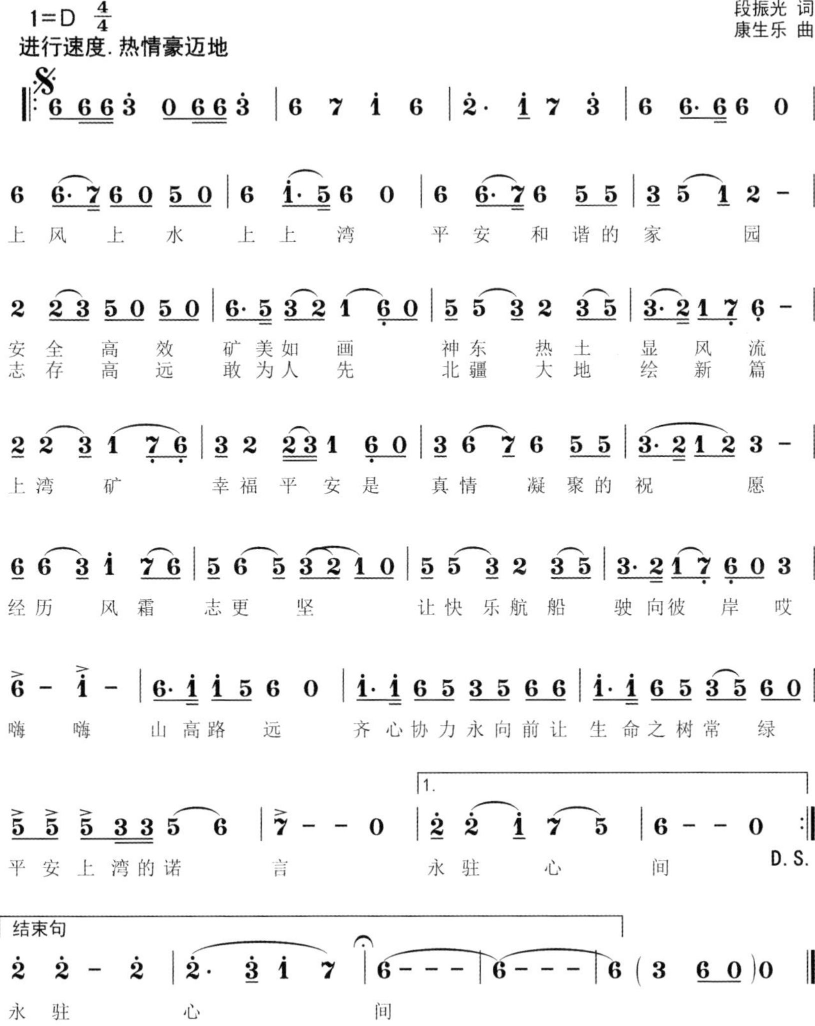

1=D 4/4
进行速度.热情豪迈地
段振光 词
康生乐 曲
上风上水上上湾 平安和谐的家园
安全高效 矿美如画 神东热土显风流
志存高远 敢为人先 北疆大地绘新篇
上湾矿 幸福平安是 真情凝聚的祝愿
经历风霜志更坚 让快乐航船驶向彼岸 哎
嗨 嗨 山高路远 齐心协力永向前 让生命之树常绿
平安上湾的诺言
1.
永驻心间
D.S.
结束句
永驻心间

平安上湾

进行速度.热情豪迈地
段振光 词
康生乐 曲
上 风 上 水 上 上 湾 平 安 和 谐 的 家 园
安 全 高 效 矿 美 如 画 神 东 热 土 显 风 流
志 存 高 远 敢 为 人 先 北 疆 大 地 绘 新 篇
上 湾 矿 幸 福 平 安 是 真 情 凝 聚 的 祝 愿
经 历 风 霜 志 更 坚 让 快 乐 航 船 驶 向 彼 岸 哎
嗨 嗨 山 高 路 远 齐 心 协 力 永 向 前 让 生 命 之 树 常 绿
平 安 上 湾 的 诺 言 永 驻 心 间
1.
D.S.
结束句
永 驻 心 间

原创歌曲：《平安神东》

作品简介

作品荣获神东2016年“新歌唱神东”主题原创歌曲征集合唱类三等奖。

平安神东

1=C $\frac{4}{4}$

魏永胜 李树军 韩光辉 词
康生乐 曲

进行速度、热情豪迈地

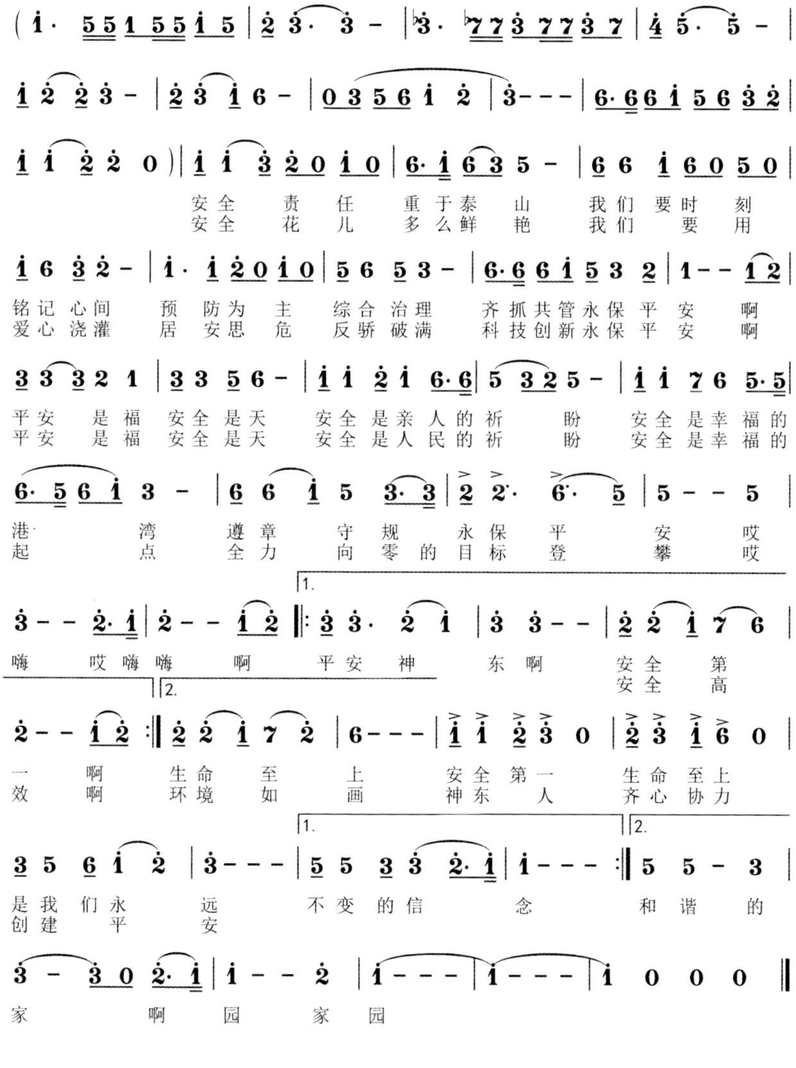

安全 责 任 重于泰 山 我们要时 刻
安全 花 儿 多么鲜 艳 我们 要 用

铭记心间 预 防为 主 综合 治理 齐抓共管永保 平 安 啊
爱心浇灌 居 安思 危 反骄 破满 科技创新永保 平 安 啊

平安 是福 安全 是天 安全 是亲 人的 祈 盼 安全 是幸 福的
平安 是福 安全 是天 安全 是人 民的 祈 盼 安全 是幸 福的

港 湾 遵 章 守 规 永 保 平 安 哎
起 点 全 力 向 零 的 目 标 登 攀 哎

嗨 哎 嗨 嗨 啊 平 安 神 东 啊 安全 第
安全 高

一 啊 生 命 至 上 安 全 第 一 生 命 至 上
效 啊 环 境 如 画 神 东 人 齐 心 协 力

是 我 们 永 远 不 变 的 信 念 和 谐 的
创 建 平 安

家 啊 园 家 园

平安神东

魏永胜 李树军 韩光辉 词
康生乐 曲

进行速度、热情豪迈地

安 全 责 任 重 于 泰 山 我 们 要 时 刻
安 全 花 儿 多 么 鲜 艳 我 们 要 用
铭 记 心 间 预 防 为 主 综 合 治 理 齐 抓 共 管 永 保 平 安 啊
爱 心 浇 灌 居 安 思 危 反 骄 破 满 科 技 创 新 永 保 平 安 啊
平 安 是 福 安 全 是 天 安 全 是 亲 人 的 祈 盼 安 全 是 幸 福 的
平 安 是 福 安 全 是 天 安 全 是 人 民 的 祈 盼 安 全 是 幸 福 的
港 湾 遵 章 守 规 永 保 平 安 哎
起 点 全 力 向 零 的 目 标 登 攀 哎
嗨 哎 嗨 嗨 啊 平 安 神 东 啊 安 全 第
安 全 高
一 啊 生 命 至 上 安 全 第 一 生 命 至 上
效 啊 环 境 如 画 神 东 人 齐 心 协 力
是 我 们 永 远 不 变 的 信 念 和 谐 的
创 建 平 安
家 啊 园 家 园

原创歌曲：《维修人之歌》

作品简介

作品荣获神东2016年“新歌唱神东”主题原创歌曲征集合唱类三等奖。

维修人之歌

魏占彪 徐伟 词
穆虹 曲

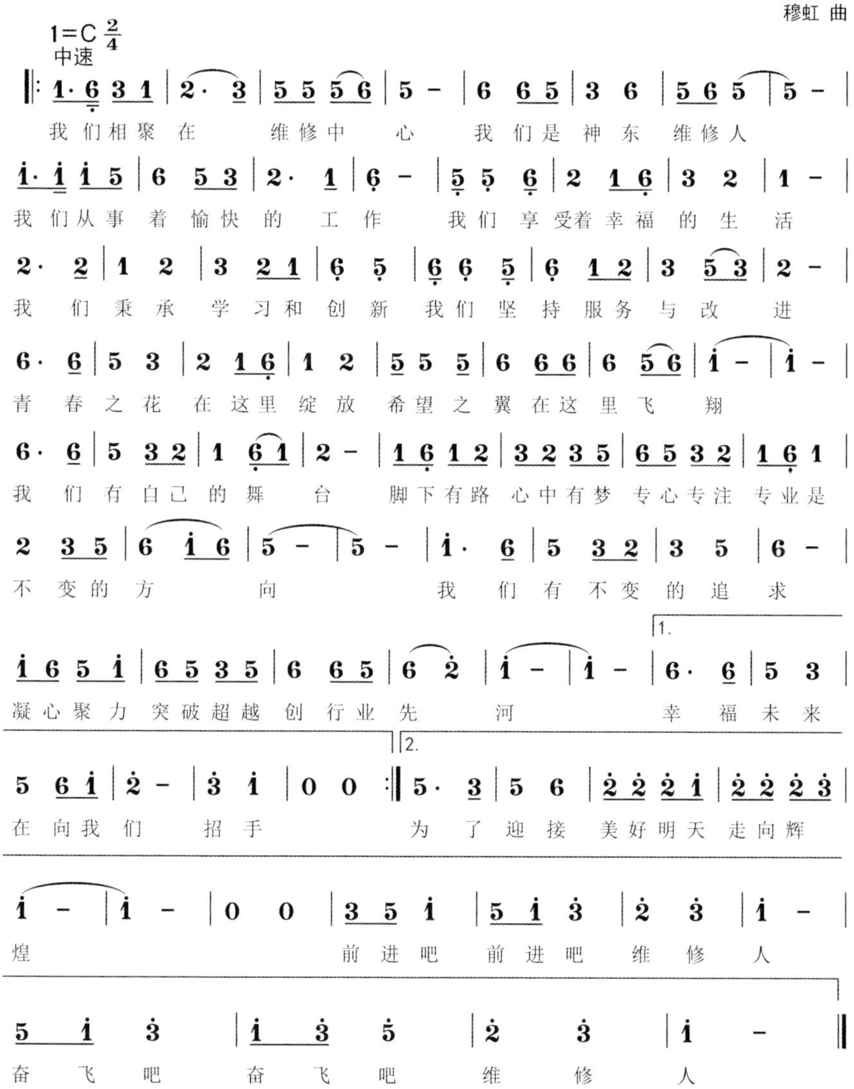

1=C $\frac{2}{4}$
中速

我们相聚在 维修中心 我们是神东 维修人
我们从事着 愉快的 工作 我们享受着幸福的生活
我们秉承 学习和 创新 我们坚持服务与改 进
青春之花 在这里绽放 希望之翼 在这里飞 翔
我们有自己的舞 台 脚下有路 心中有梦 专心专注 专业是
不变的方 向 我们有不变的追 求
凝心聚力 突破超越 创行业先 河 幸福未来
在向我们 招手 为了迎接 美好明天 走向辉
煌 前进吧 前进吧 维修人
奋飞吧 奋飞吧 维修人

维修人之歌

魏占彪 徐伟 词
穆 虹 曲

原创歌曲：《健康神东一起来》

作品简介

作品荣获神东2022年“社会主义是干出来的”主题原创歌曲征集优秀奖。

健康神东一起来

1=C 4/4
♩=130

王志刚 刘文忠 胡东旭 词
王 浩 曲

6 6 6 6 6 6 6 1 | 2 2 2 3 2 1 6 | 6 6 6 6 6 6 6 1 | 2 2 2 3 2 1 6 |
早晨起床伸个腰 展骨舒筋精神好 牛奶面包蛋白质 营养早餐不能少

6 6 6 6 6 6 6 1 | 2 2 2 3 2 1 6 | 0 0 0 0 | 0 0 0 0 0 |
水果蔬菜维他命 赶走病毒和感冒 一 二 三 四 二 二 三 四

6 6 6 6 6 6 6 1 | 2 2 2 3 2 1 6 | 6 6 6 6 6 6 6 1 | 2 2 2 3 2 1 6 |
心理健康很重要 情绪管理不能少 职业防护要到位 隔离煤尘身体棒

6 6 6 6 6 6 6 1 | 2 2 2 3 2 1 6 | 0 0 0 0 | 0 0 0 0 0 |
安全生产都记牢 全家幸福没烦恼 一 二 三 四 二 二 三 四

‖: 5· 5 6 5 | 3 3 2 3 – | 2 2 2 1 2 2 3 | 2 – – – |
健 康 神 东 有 方 向 生 态 优 先 大 目 标

3· 3 2 3 | 5 3 5· 5 | 6 6 6 5 3 6 5 | 5 – – – |
绿 色 低 碳 做 示 范 跳 起 摸 高 勇 争 先

5· 5 6 5 | 3 3 2 3 – | 2 2 2 1 2 2 3 | 2 – – – |
创 新 驱 动 促 发 展 智 慧 矿 山 焕 新 颜

3· 3 2 3 | 5 3 5· 5 | 6 6 5 3 2 2 3 | 1 – – – :‖
撸 起 袖 子 加 油 干 你 追 我 赶 走 在 前

5· 3 5 6 5 | 2 3 2 1 1 – | 6 1 2 3 2 1 3 | 5 – – – | 1· 6 1 6 |
啦 啦啦啦啦 啦啦啦啦啦 啦啦啦啦啦啦啦 啦 啦 啦啦 啦

6 5 3 5 5 – | 2 1 2 3 3 5 2 | 1 – – – | 2 1 2 3 5 6 | 1 – – – ‖
啦啦啦啦啦 啦啦啦啦啦啦啦 啦 啦啦啦啦啦 啦 啦

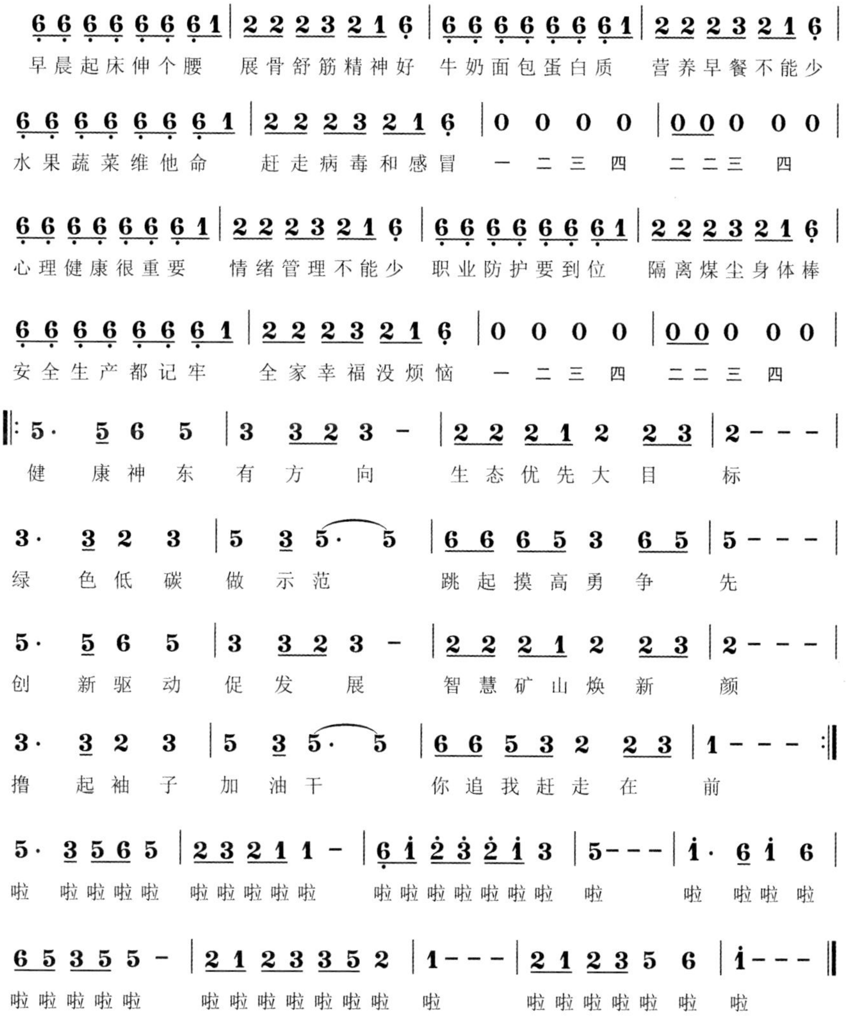

健康神东一起来

王志刚 刘文忠 胡东旭 词
王 浩 曲

♩=130
早晨起床伸个腰 展骨舒筋精神好 牛奶面包蛋白质 营养早餐不能少
5
水果蔬菜维他命 赶走病毒和感冒 一 二 三 四 二 二 三 四
9
心理健康很重要 情绪管理不能少 职业防护要到位 隔离煤尘身体棒
13
安全生产都记牢 全家幸福没烦恼 一 二 三 四 二 二 三 四
17
健 康 神 东 有 方 向 生 态 优 先 大 目 标
21
绿 色 低 碳 做 示 范 跳 起 摸 高 勇 争 先
25
创 新 驱 动 促 发 展 智 慧 矿 山 焕 新 颜
29
撸 起 袖 子 加 油 干 你 追 我 赶 走 在 前
33
啦 啦
38
啦 啦

04

我的神东我的家

神东人是神东发展的建设者、亲历者和贡献者。如今的矿区，抬头是醉人的“神东蓝”，四顾是怡人的“生态绿”……生活在这里的人们深深地爱着这片土地，爱着自己的家园，拥有满满的幸福感和获得感。

“我的神东我的家”篇章共收录《神东风采》《最爱大陕北》等28个原创作品，用文艺作品表达神东人赞美祖国、赞美企业、爱企如家的浓厚情怀。

原创歌曲：《神东风采》

原创歌曲

图片来源：国能神东煤炭新闻中心

作品简介

作品在2016年神木市人民政府举办的“春满神木”迎新春文艺晚会及神东春晚演出，荣获神东公司2016年“新歌唱神东”主题原创歌曲征集二等奖。

神东风采

杨叶青　王羽泽 词
王羽泽 曲

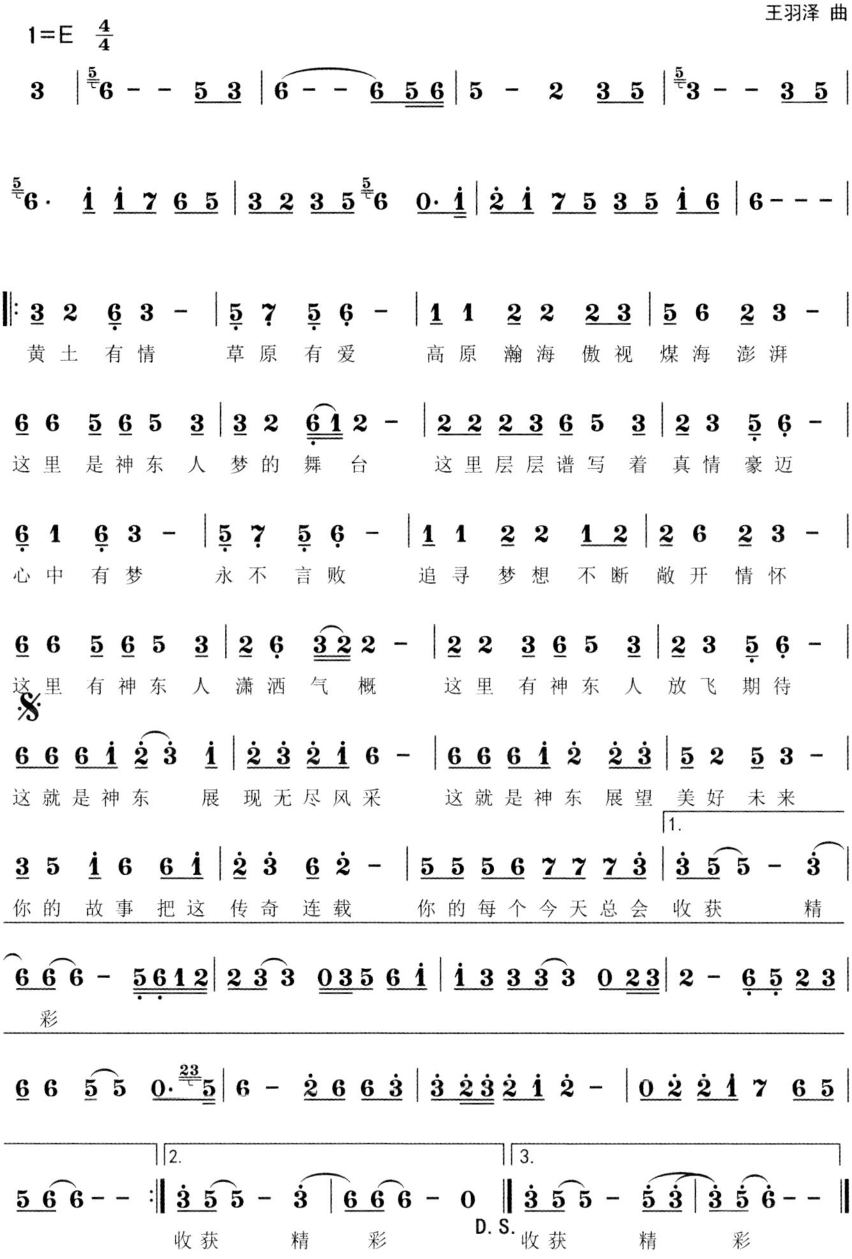

1=E $\frac{4}{4}$

黄土有情　草原有爱　高原瀚海傲视　煤海澎湃

这里是神东人梦的舞台　这里层层谱写着真情豪迈

心中有梦　永不言败　追寻梦想不断敞开情怀

这里有神东人潇洒气概　这里有神东人放飞期待

这就是神东　展现无尽风采　这就是神东展望美好未来

1.

你的故事把这传奇连载　你的每个今天总会收获　精

彩

2.

收获　精　彩

D. S.

3.

收获　精　彩

神东风采

杨叶青　王羽泽 词
王羽泽 曲

黄土 有情 草原 有爱 高原 瀚海 傲视 煤海 澎湃
这里 是神东 人 梦的 舞 台 这里层层谱写 着 真情 豪迈
心中 有梦 永不 言败 追寻 梦想 不断 敞开 情怀
这里 有神东 人 潇洒 气 概 这里 有神东 人 放飞 期待
这就是神东 展 现无尽风采 这就是神东 展望 美好 未来
你的 故事 把这 传奇 连载 你的每个今天总会 收获 精
彩
1.
2.
收获 精 彩
D. S.
3.
收获 精 彩

原创歌曲：《最爱大陕北》

作品简介

榆林新民歌博物馆馆藏歌曲。2018年7月获得榆林市榆阳区政府主办的陕北新民歌比赛三等奖，2018年5月在子洲“乡韵情声”山圪崂姐妹感恩家乡演唱会演唱，2020年在神东“奋进新时代 谱写新篇章”迎新春文艺汇演中演出。

最爱大陕北

1=E 2/4
每分钟64拍

李晓光 词
李晓光 曲

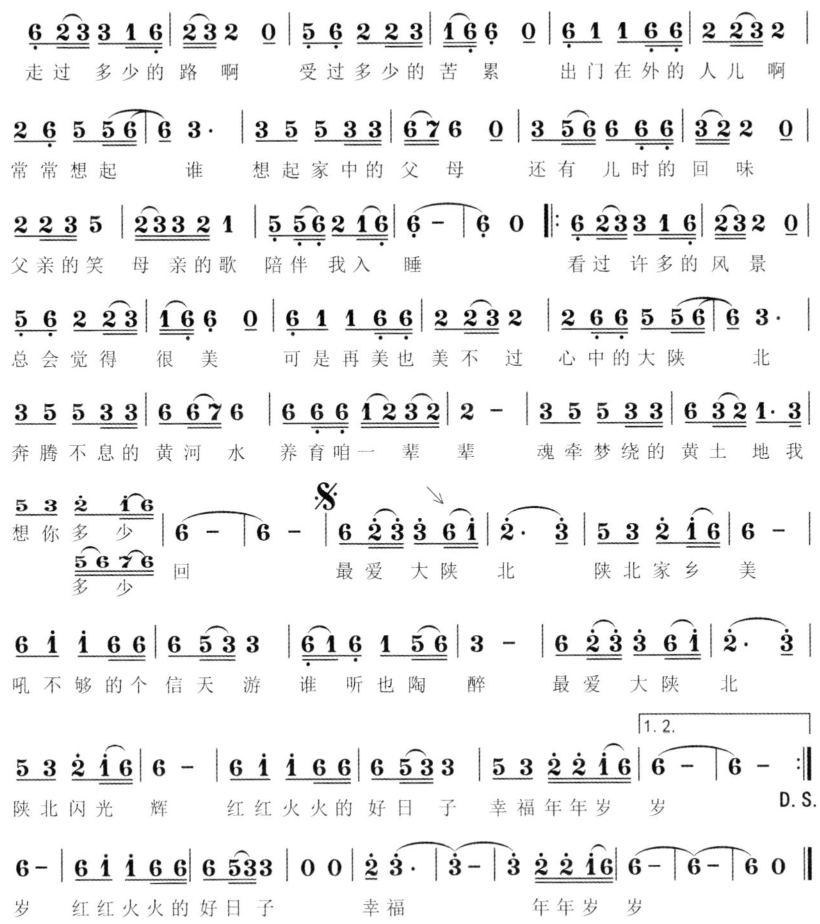

6 23 3 1 6 | 23 2 0 | 5 6 2 23 | 16 6 0 | 6 1 1 6 6 | 2 23 2 |
走过 多少的路 啊 受过多少的苦 累 出门在外的人儿 啊

2 6 5 56 | 6 3· | 3 5 5 3 3 | 676 0 | 3 56 6 6 6 | 32 2 0 |
常常想起 谁 想起家中的父 母 还有 儿时的回 味

2 2 3 5 | 233 2 1 | 5 56 2 16 | 6 - | 6 0 ‖: 6 23 3 1 6 | 23 2 0 |
父亲的笑 母 亲的歌 陪伴 我入 睡 看过 许多的风 景

5 6 2 23 | 16 6 0 | 6 1 1 6 6 | 2 23 2 | 2 6 6 5 56 | 6 3· |
总会觉得 很 美 可是再美也美不 过 心中的大陕 北

3 5 5 3 3 | 6 67 6 | 6 6 6 1232 | 2 - | 3 5 5 3 3 | 6 32 1· 3 |
奔腾不息的黄河 水 养育咱一 辈 辈 魂牵梦绕的黄土 地我

5 3 2 16 / 5676 | 6 - | 6 - | 𝄋 6 23 3 61 | 2· 3 | 5 3 2 16 | 6 - |
想你多少 / 多少 回 最爱 大陕 北 陕北家乡 美

6 1 1 6 6 | 6 53 3 | 616 1 56 | 3 - | 6 23 3 61 | 2· 3 |
吼不够的个信天 游 谁 听也陶 醉 最爱 大陕 北

5 3 2 16 | 6 - | 6 1 1 6 6 | 6 53 3 | 5 3 2 2 16 | 1.2. 6 - | 6 - :‖ D.S.
陕北闪光 辉 红红火火的好日 子 幸福年年岁 岁

6 - | 6 1 1 6 6 | 6 533 | 0 0 | 2 3· | 3 - | 3 2 2 16 | 6 - | 6 - | 6 0 ‖
岁 红红火火的好日 子 幸福 年年岁 岁

最爱大陕北

李晓光 词
李晓光 曲

♩ = 64
走过 多少的 路 啊 受过多少的 苦 累 出门在外的 人儿 啊
常常想起 谁 想起家中的 父 母 还有 儿时的 回 味
父亲的笑 母 亲的歌 陪伴 我入 睡 看过 许多的 风 景
总会觉得 很 美 可是再美也 美不 过 心中的大陕 北
奔腾不息的 黄河 水 养育咱一 辈 辈 魂牵梦绕的 黄土 地 我
想你多 少 回 最爱 大陕 北 陕北家乡 美
吼不够的个 信天 游 谁 听也陶 醉 最爱 大陕 北
陕北闪光 辉 红红火火的 好日 子 幸福年年岁 岁
1. 2.
D. S.
岁 红红火火的好日子 幸福 年年岁 岁

原创歌曲：《忆陕北》

原创歌曲

图片来源：国能神东煤炭新闻中心

作品简介

作品在神东2019年“奋进新时代 圆梦新征程”迎新春群众文艺晚会上演出，2019年12月在优酷神东、腾讯视频线上播出。

忆陕北

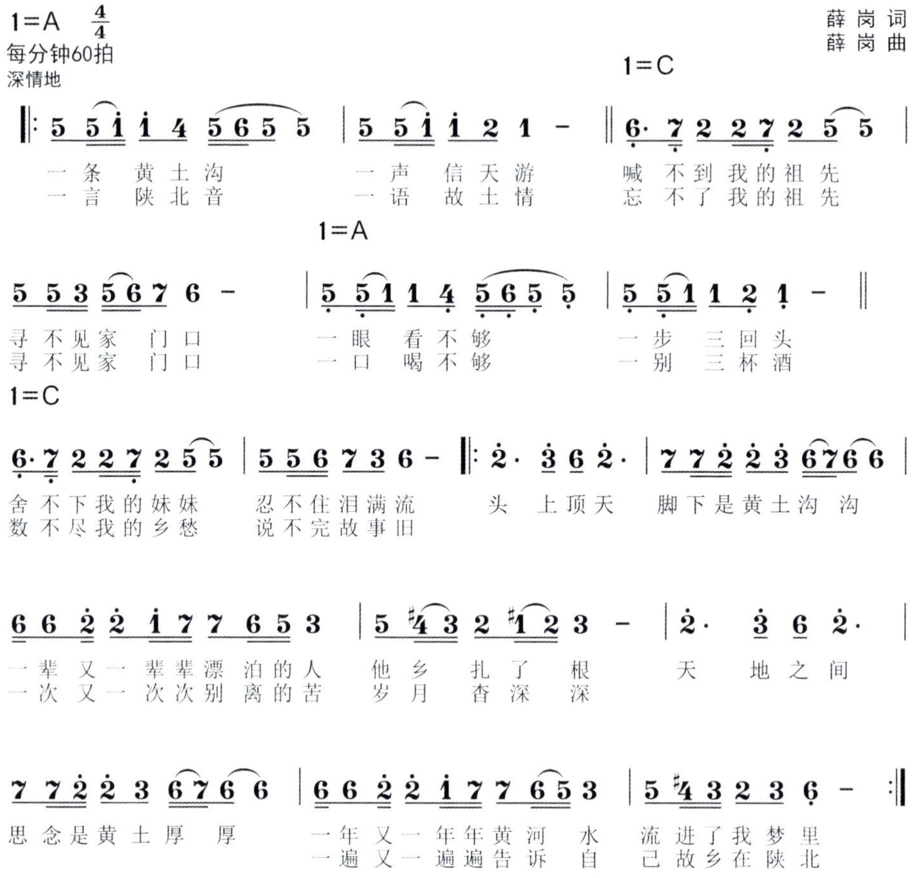

1=A $\frac{4}{4}$

每分钟60拍

深情地

薛岗词

薛岗曲

1=C

一条黄土沟 一声信天游 喊不到我的祖先
一言陕北音 一语故土情 忘不了我的祖先

1=A

寻不见家门口 一眼看不够 一步三回头
寻不见家门口 一口喝不够 一别三杯酒

1=C

舍不下我的妹妹 忍不住泪满流 头上顶天 脚下是黄土沟沟
数不尽我的乡愁 说不完故事旧

一辈又一辈辈漂泊的人 他乡扎了根 天地之间
一次又一次次别离的苦 岁月杳深深

思念是黄土厚厚 一年又一年年黄河水 流进了我梦里
一遍又一遍遍告诉自己故乡在陕北

忆陕北

薛岗 词
薛岗 曲

♩ = 60 深情地

一条 黄土沟 一声 信天游 喊不到我的祖先 寻不见家门口
一言 陕北音 一语 故土情 忘不了我的祖先 寻不见家门口

一眼 看不够 一步 三回头 舍不下我的妹妹 忍不住泪满流
一口 喝不够 一别 三杯酒 数不尽我的乡愁 说不完故事旧

头 上顶天 脚下是黄土沟 沟 一辈又一辈辈漂泊的人 他乡 扎了 根
头 上顶天 脚下是黄土沟 沟 一次又一次次别离的苦 岁月 杳深 深

天 地之间 思念是黄土厚 厚 一年又一年年黄河 水 流进了我梦里
天 地之间 思念是黄土厚 厚 一遍又一遍遍告诉自 己故乡在陕北

原创歌曲：《信箱情》

作品简介

2012年10月在神东“喜迎十八大 安全神东行”文艺慰问巡演中演出。

信箱情

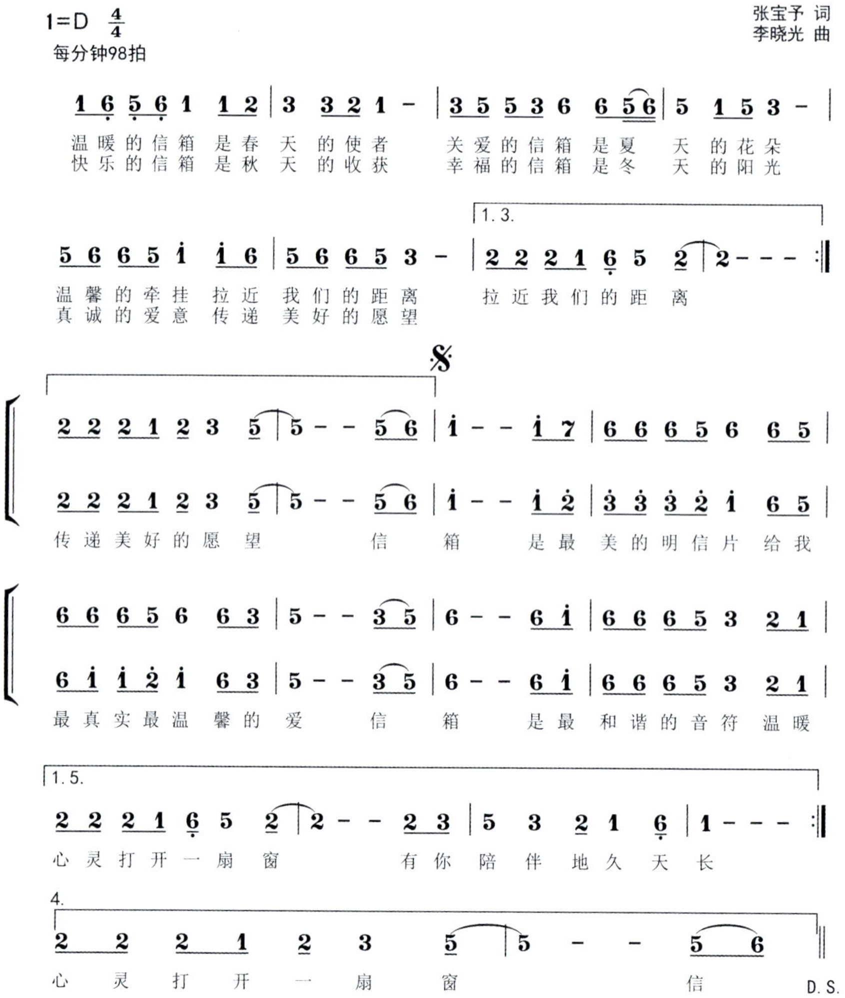

1=D 4/4
每分钟98拍

张宝予 词
李晓光 曲

温暖的信箱 是春天 的使者 关爱的信箱 是夏天 的花朵
快乐的信箱 是秋天 的收获 幸福的信箱 是冬天 的阳光

温馨的牵挂 拉近 我们的距离 拉近我们的距离
真诚的爱意 传递 美好的愿望

传递美好的愿望 信箱 是最美的明信片给我

最真实最温馨的爱 信箱 是最和谐的音符温暖

心灵打开一扇窗 有你陪伴地久天长

心灵打开一扇窗 信 D.S.

信箱情

张宝予 词
李晓光 曲

♩ = 98
温暖的信箱 是春 天 的使者 关爱的信箱 是夏 天 的花朵
快乐的信箱 是秋 天 的收获 幸福的信箱 是冬 天 的阳光
温馨的牵挂 拉近 我们的距离 拉近我们的距 离
真诚的爱意 传递 美好的愿望
1. 3.
传递美好的愿 望 信 箱 是最 美的明信片 给我
最真实最温 馨的 爱 信 箱 是最 和谐的音符 温暖
1. 5.
心灵打开一扇 窗 有你 陪 伴 地久 天 长
4.
心 灵 打 开 一 扇 窗 信
D. S.

原创歌曲：《幸福相约》

作品简介

神东青年交友俱乐部、“神东缘”网站主题曲。荣获神东2016年“新歌唱神东”主题原创歌曲征集三等奖。

幸福相约

1=F 4/4
每分钟72拍

常晓莹 词
李晓光 曲

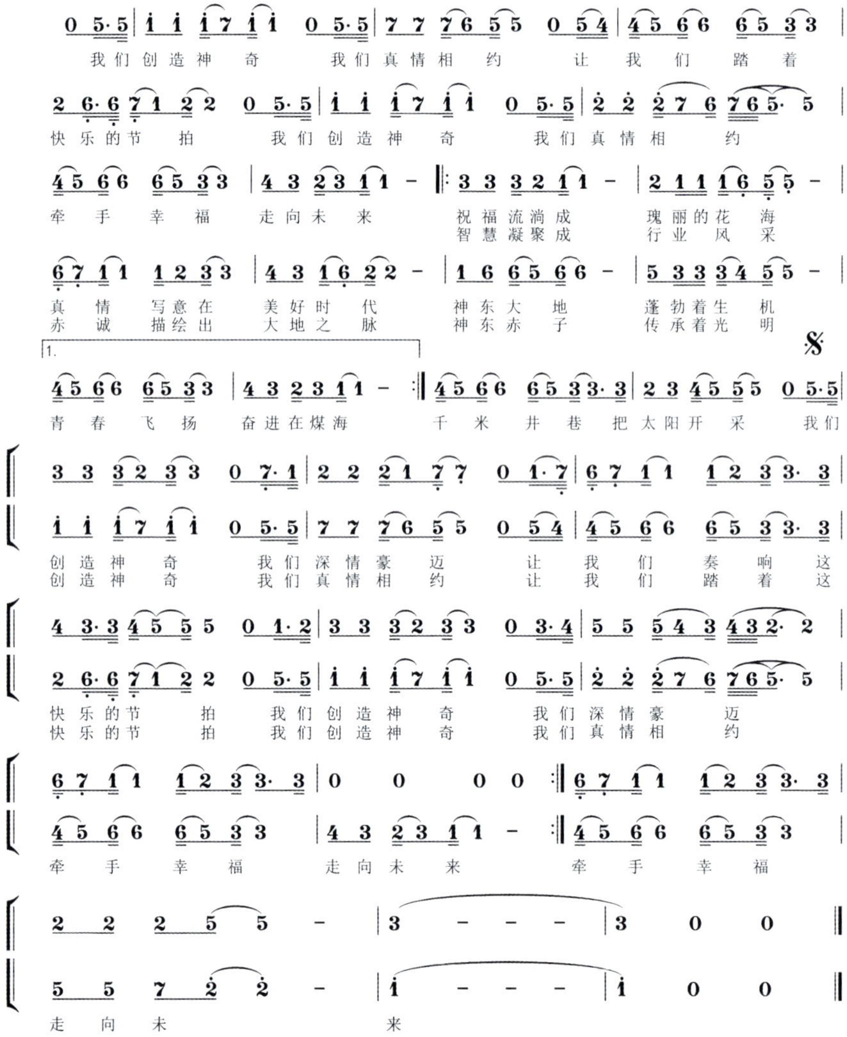

我们创造神奇 我们真情相约 让我们踏着
快乐的节拍 我们创造神奇 我们真情相约
牵手幸福 走向未来 祝福流淌成 瑰丽的花海
智慧凝聚成 行业风采
真情写意在 美好时代 神东大地 蓬勃着生机
赤诚描绘出 大地之脉 神东赤子 传承着光明
1.
青春飞扬 奋进在煤海 千米井巷 把太阳开采 我们
创造神奇 我们深情豪迈 让我们奏响这
创造神奇 我们真情相约 让我们踏着这
快乐的节拍 我们创造神奇 我们深情豪迈
快乐的节拍 我们创造神奇 我们真情相约
牵手幸福 走向未来 牵手幸福
走向未来

幸福相约

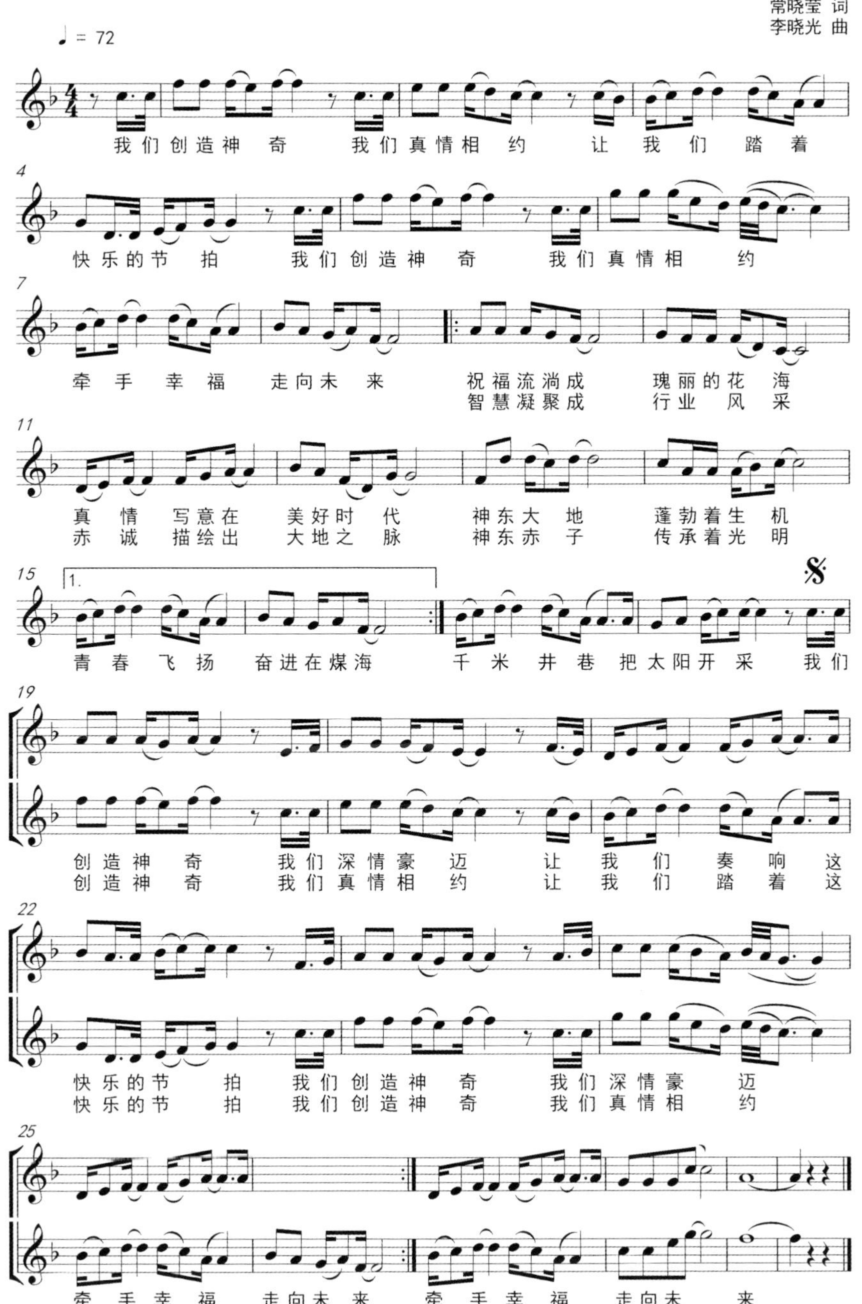
常晓莹 词
李晓光 曲
♩= 72
我们创造神 奇 我们真情相 约 让 我 们 踏 着
快乐的节 拍 我们创造神 奇 我们真情相 约
牵 手 幸 福 走向未 来 祝福流淌成 瑰丽的花 海
智慧凝聚成 行业 风 采
真 情 写意在 美好时 代 神东大 地 蓬勃着生 机
赤 诚 描绘出 大地之 脉 神东赤 子 传承着光 明
1.
青 春 飞 扬 奋进在煤海 千 米 井 巷 把太阳开 采 我们
创造神 奇 我们深情豪 迈 让 我 们 奏 响 这
创造神 奇 我们真情相 约 让 我 们 踏 着 这
快乐的节 拍 我们创造神 奇 我们深情豪 迈
快乐的节 拍 我们创造神 奇 我们真情相 约
牵 手幸 福 走向未 来 牵 手 幸 福 走向未 来

原创歌曲：《人民就是江山》

作品简介

2022年6月13日在康巴什文艺公众号发布，6月14日在鄂尔多斯新闻网发布。

人民就是江山

男生独唱

撖永强 词
张 智 曲

1=G $\frac{4}{4}$
每分钟58拍

踏上 那片黄土地 根儿扎进泥土里 同饮 一碗粥 共享 一床

席 吃过多少苦 受了多少累 为民的情怀 流淌在脉搏

里 走出那片黄土地 牵挂揣在心底里 井水甜不甜 谷粒 可饱

满 贫穷摘了帽 小康创奇迹 老百姓的 追求你矢志

1=♭B

不移 你与人民 同甘苦 你与人民 共冷

暖 你为人民撑起一 片天 你把自己 当做人民的

勤务员 你说人民的事情 大于天 我们用真诚 热血 还你一

1.2. 结束句

个 锦绣河 山 河 山 我们

用真诚 热血 还你一 个 锦绣河 山

人民就是江山

男生独唱

撖永强 词
张 智曲

原创歌曲:《不负所爱》

作品简介

微电影《负爱》主题曲。

不负所爱

1=F $\frac{4}{4}$
每分钟 55拍 温情坚定地

何文瑶 词
张 智 曲

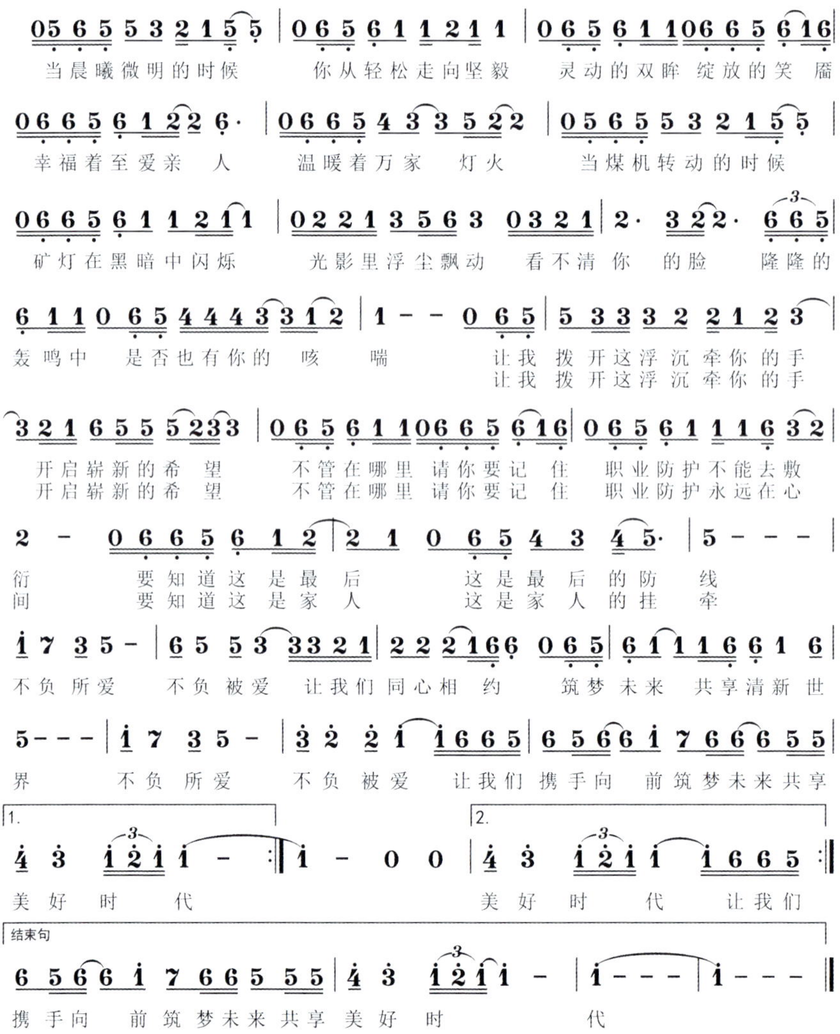

当晨曦微明的时候 你从轻松走向坚毅 灵动的双眸 绽放的笑 靥

幸福着至爱亲 人 温暖着万家 灯火 当煤机转动的时候

矿灯在黑暗中闪烁 光影里浮尘飘动 看不清 你 的脸 隆隆的

轰鸣中 是否也有你的 咳 喘 让我 拨 开这浮 沉 牵你 的手
让我 拨 开这浮 沉 牵你 的手

开启崭新的希 望 不管在哪里 请你要记 住 职业防护不能去敷
开启崭新的希 望 不管在哪里 请你要记 住 职业防护永远在心

衍 要知道这 是最 后 这是最 后 的防 线
间 要知道这 是家 人 这是家 人 的挂 牵

不负 所爱 不负 被爱 让我们 同心相 约 筑梦 未来 共享清新 世

界 不负 所爱 不负 被爱 让我们 携手向 前筑梦未来共享

1. 美 好 时 代
2. 美 好 时 代 让我们

结束句
携手向 前筑 梦未来 共享 美 好 时 代

不负所爱

何文瑶 词
张 智曲

♩= 55 温情坚定地

当晨曦微明的时候 你从轻松走向坚毅 灵动的双眸 绽放的笑 靥

4 幸福着至爱亲 人 温暖着万家 灯火 当煤机转动的时候

7 矿灯在黑暗中闪烁 光影里浮尘飘动 看不清你 的脸 隆隆的

10 轰鸣中 是否也有你的 咳 喘 让我 拨开这浮 沉 牵你 的手
让我 拨开这浮 沉 牵你 的手

13 开启崭 新的希 望 不管在 哪里 请你要记 住
开启崭 新的希 望 不管在 哪里 请你要记 住

15 职业防护不能去敷 衍 要知道这是最 后 这是最后的防 线
职业防护永远在心 间 要知道这是家 人 这是家人的挂 牵

19 不负所爱 不负被爱 让我们同心相 约 筑梦未来 共享清新世 界

24 不负 所爱 不负 被爱 让我们 携手向 前筑梦未来共享 美好 时 代

1.

2. 美 好 时 代 让 我 们

28 结束句 携手向 前筑 梦未来 共享 美好 时 代

原创歌曲：《内蒙古》

作品简介

作品在2022年神东“领航新时代 创业再出发”网络春节联欢晚会演出。该歌曲在歌唱艺苑公众号、民歌中国公众号、康巴什文艺公众号等新媒体发布。

内蒙古

1=F $\frac{4}{4}$

每分钟60拍 激情、悠扬地

刘长荣 词
张　智 曲

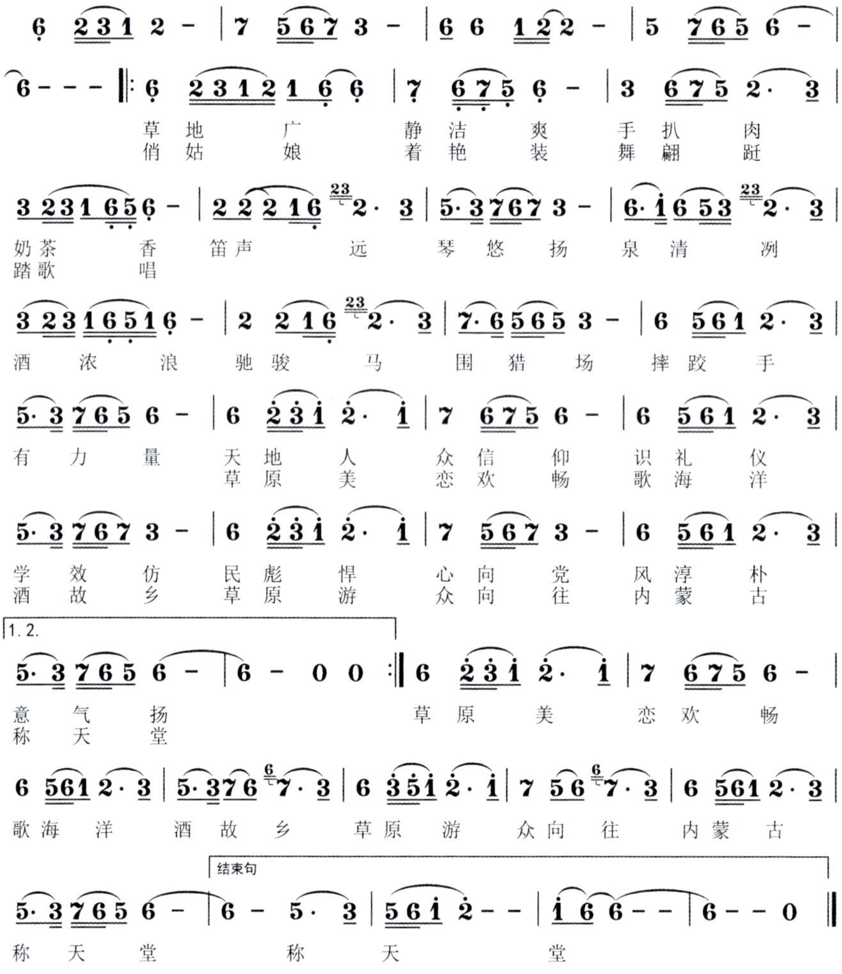

草地广 静洁爽 手扒肉
俏姑娘 着艳装 舞翩跹

奶茶香 笛声远 琴悠扬 泉清冽
踏歌唱

酒浓浪 驰骏马 围猎场 摔跤手

有力量 天地人 众信仰 识礼仪
草原美 恋欢畅 歌海洋

学效仿 民彪悍 心向党 风淳朴
酒故乡 草原游 众向往 内蒙古

1. 2.

意气扬 草原美 恋欢畅
称天堂

歌海洋 酒故乡 草原游 众向往 内蒙古

结束句

称天堂 称天堂

内蒙古

刘长荣 词
张 智 曲

♩= 60 激情、悠扬地
草地广 静洁爽 手扒肉
俏姑娘 着艳装 舞翩跹
奶茶香 笛声远 琴悠扬 泉清冽
踏歌唱
酒浓浪 驰骏马 围猎场 摔跤手
有力量 天地人 众信仰 识礼仪
草原美 恋欢畅 歌海洋
学效仿 民彪悍 心向党 风淳朴
酒故乡 草原游 众向往 内蒙古
1. 2.
意气扬 草原美 恋欢畅
称天堂
歌海洋 酒故乡 草原游 众向往
结束句
内蒙古 称天堂 称天堂

原创歌曲:《神东伴我走》

作品简介

作品荣获神东2018年“赞美祖国、放歌神东”主题原创歌曲征集一等奖。

神东伴我走

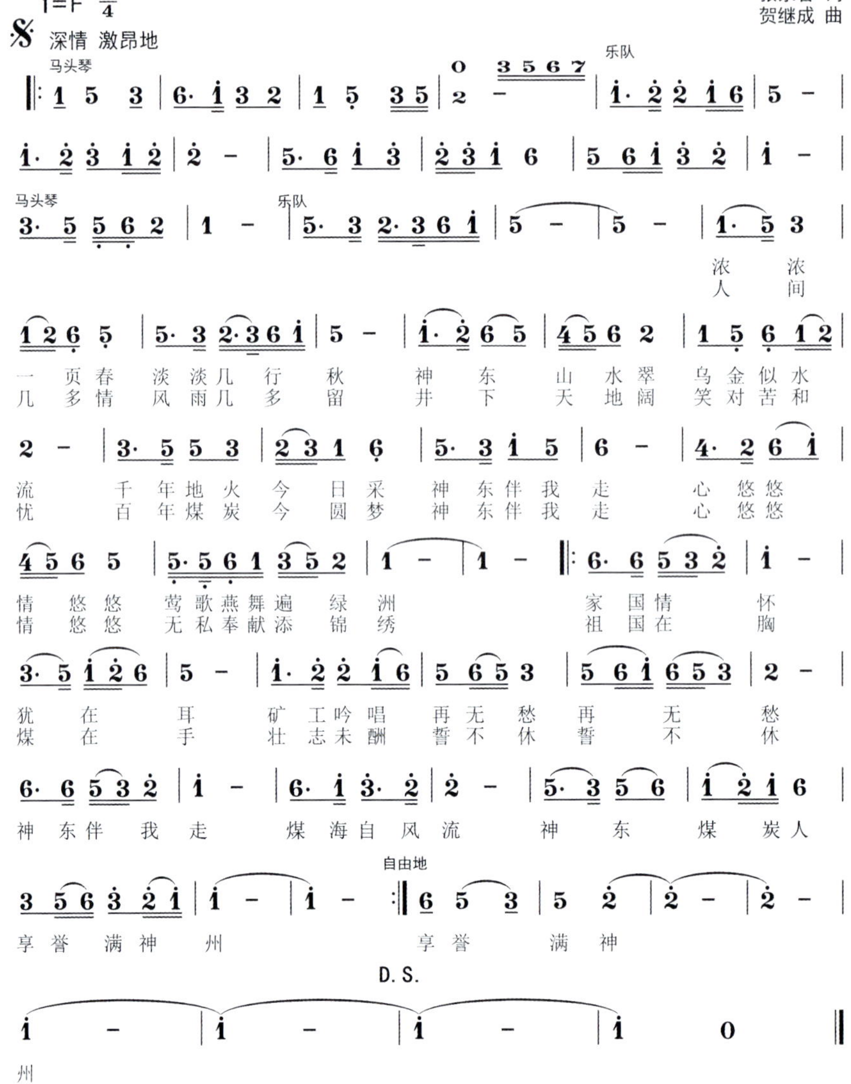

神东伴我走

张永智 词
贺继成 曲
深情 激昂地
马头琴
乐队
马头琴
乐队
浓 浓
人 间
一 页 春 淡 淡 几 行 秋 神 东 山 水 翠 乌 金 似 水
几 多 情 风 雨 几 多 留 井 下 天 地 阔 笑 对 苦 和
流 千 年 地 火 今 日 采 神 东 伴 我 走 心 悠 悠
忧 百 年 煤 炭 今 圆 梦 神 东 伴 我 走 心 悠 悠
情 悠 悠 莺 歌 燕 舞 遍 绿 洲 家 国 情 怀
情 悠 悠 无 私 奉 献 添 锦 绣 祖 国 在 胸
犹 在 耳 矿 工 吟 唱 再 无 愁 再 无 愁
煤 在 手 壮 志 未 酬 誓 不 休 誓 不 休
神 东 伴 我 走 煤 海 自 风 流 神 东 煤 炭 人
神 东 伴 我 走 煤 海 自 风 流 神 东 煤 炭 人
享 誉 满 神 州
享 誉 满 神 州
自由地
D. S.享 誉 满 神
州

原创歌曲：《神东恋》

作品简介

作品荣获神东2022年“社会主义是干出来的”主题原创歌曲征集一等奖。

神东恋

张树琦 词
张 生 曲

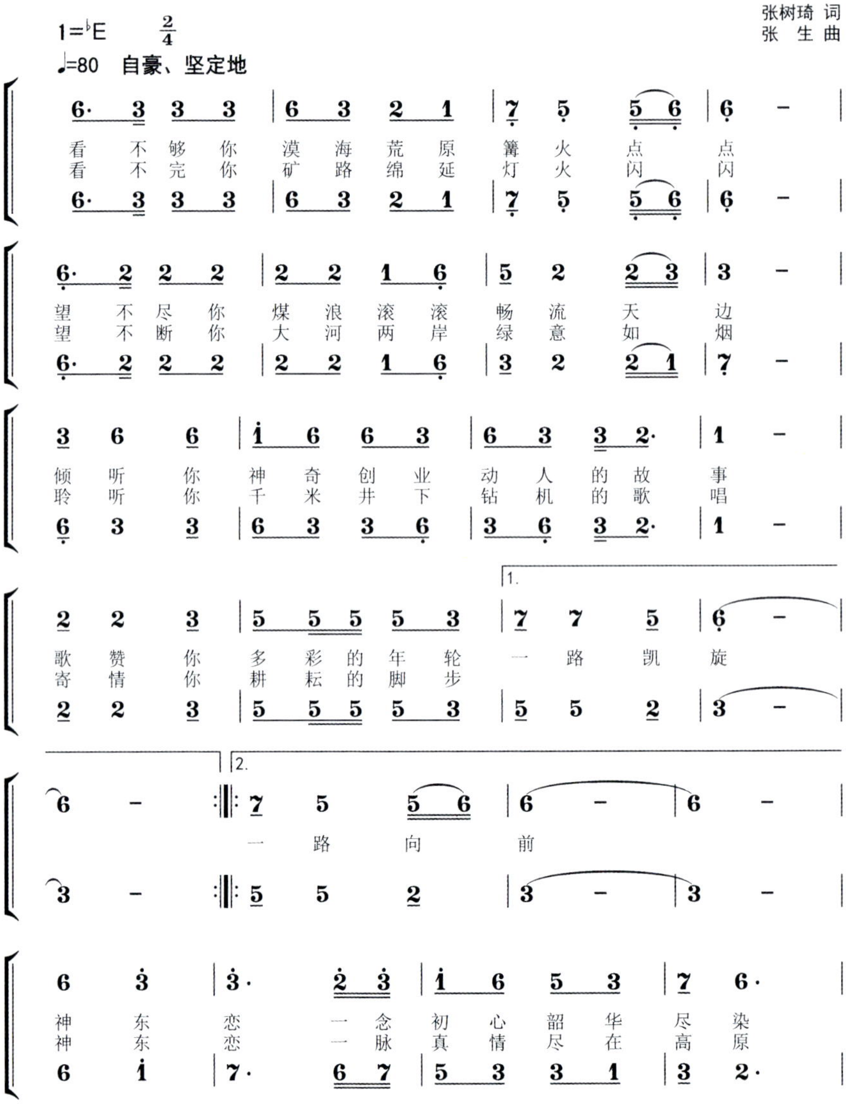

1=♭E 2/4

♩=80 自豪、坚定地

看不够你漠海荒原篝火点点
看不完你矿路绵延灯火闪闪

望不尽你煤浪滚滚畅流天边
望不断你大河两岸绿意如烟

倾听你神奇创业动人的故事
聆听你千米井下钻机的歌唱

歌赞你多彩的年轮 1. 一路凯旋
寄情你耕耘的脚步

2. 一路向前

神东恋一念初心韶华尽染
神东恋一脉真情尽在高原

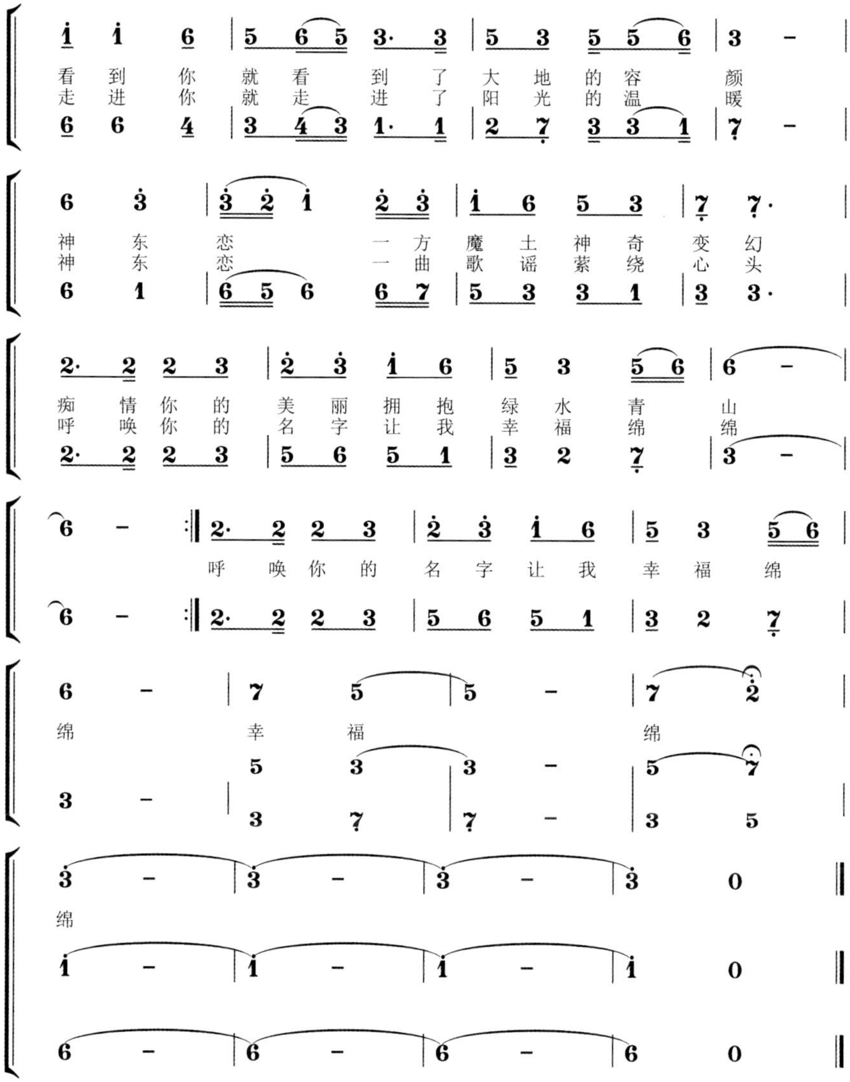

看到你就看到了大地的容颜
走进你就走进了阳光的温暖

神东恋 一方魔土神奇变幻
神东恋 一曲歌谣萦绕心头

痴情你的美丽拥抱绿水青山
呼唤你的名字让我幸福绵绵

呼唤你的名字让我幸福绵

绵 幸福 绵

绵

神东恋

张树琦 词
张　生曲

♩=80 自豪、坚定地
看 不 够 你 漠 海 荒 原 篝 火 点 点
看 不 完 你 矿 路 绵 延 灯 火 闪 闪
望 不 尽 你 煤 浪 滚 滚 畅 流 天 边
望 不 断 你 大 河 两 岸 绿 意 如 烟
倾 听 你 神 奇 创 业 动 人 的 故 事
聆 听 你 千 米 井 下 钻 机 的 歌 唱
歌 赞 你 多 彩 的 年 轮 一 路 凯 旋
寄 情 你 耕 耘 的 脚 步
一 路 向 前
神 东 恋 一 念 初 心 韶 华 尽 染
神 东 恋 一 脉 真 情 尽 在 高 原

25
看 到 你 就 看 到 了 大 地 的 容 颜
走 进 你 就 走 进 了 阳 光 的 温 暖
29
神 东 恋 一 方 魔 土 神 奇 变 幻
神 东 恋 一 曲 歌 谣 萦 绕 心 头
33
痴 情 你 的 美 丽 拥 抱 绿 水 青 山
呼 唤 你 的 名 字 让 我 幸 福 绵 绵
37
呼 唤 你 的 名 字 让 我 幸 福 绵
41
绵 幸 福 绵
45
绵

原创歌曲：《神东最美》

作品简介

作品荣获神东2016年“新歌唱神东”主题原创歌曲征集二等奖。

神东最美

张永智 词
贺继成 曲

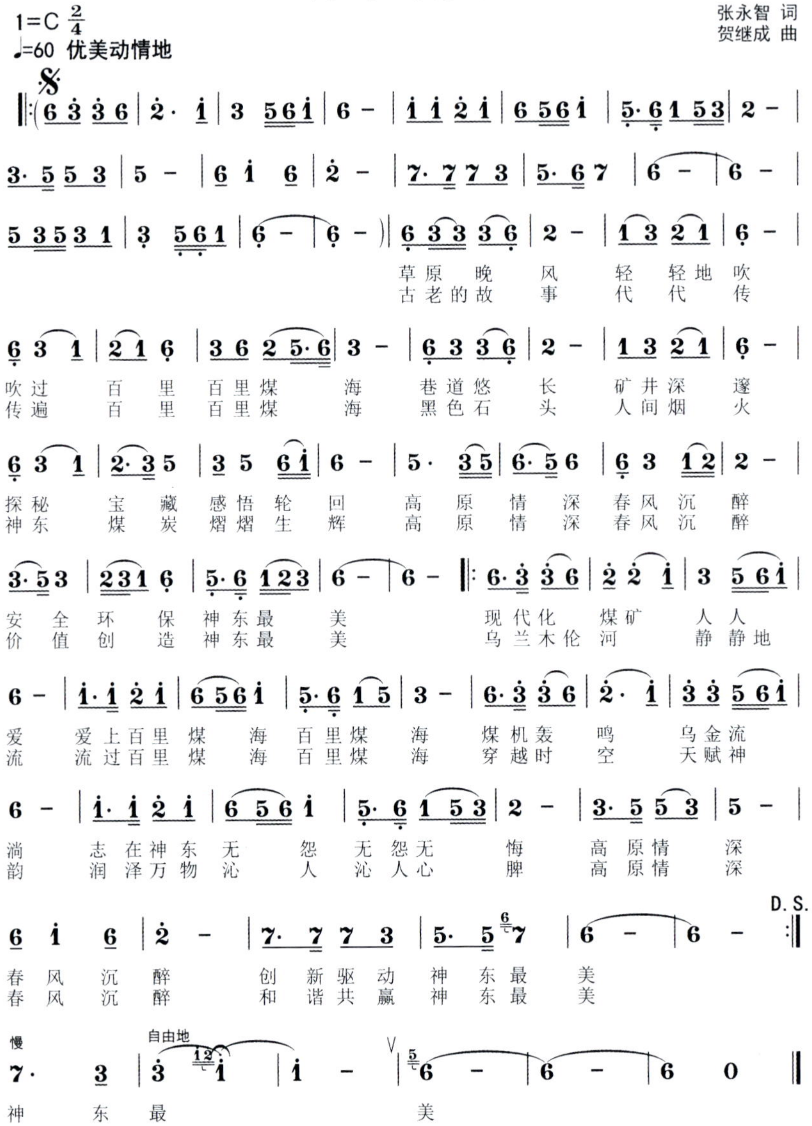

1=C 2/4
♩=60 优美动情地

草原晚风轻轻地吹
吹过百里百里煤海
巷道悠长矿井深邃
探秘宝藏感悟轮回
高原情深春风沉醉
安全环保神东最美

古老的故事代代传
传遍百里百里煤海
黑色石头人间烟火
神东煤炭熠熠生辉
高原情深春风沉醉
价值创造神东最美

现代化煤矿人人爱
爱上百里煤海百里煤海
煤机轰鸣乌金流淌
志在神东无怨无怨无悔
高原情深春风沉醉
创新驱动神东最美

乌兰木伦河静静地流
流过百里煤海百里煤海
穿越时空天赋神韵
润泽万物沁人沁人心脾
高原情深春风沉醉
和谐共赢神东最美

D. S.

慢 神东最 自由地 美

神东最美

张永智 词
贺继成 曲
♩=60 优美动情地
草原晚风轻轻地吹
古老的故事代代传
吹过百里百里煤海巷道悠长矿井深邃
传遍百里百里煤海黑色石头人间烟火
探秘宝藏感悟轮回高原情深春风沉醉
神东煤炭熠熠生辉高原情深春风沉醉
安全环保神东最美现代化煤矿人人
价值创造神东最美乌兰木伦河静静地
爱爱上百里煤海百里煤海煤机轰鸣乌金流
流流过百里煤海百里煤海穿越时空天赋神
淌志在神东无怨无怨无悔高原情深春风沉
韵润泽万物沁人沁人心脾高原情深春风沉
醉创新驱动神东最美神东最
醉和谐共赢神东最美
美
D.S.
慢
自由地

原创歌曲：《神东情歌》

作品简介

作品荣获神东2016年“新歌唱神东”主题原创歌曲征集二等奖。

神东情歌

李永明 词
贺继成 曲

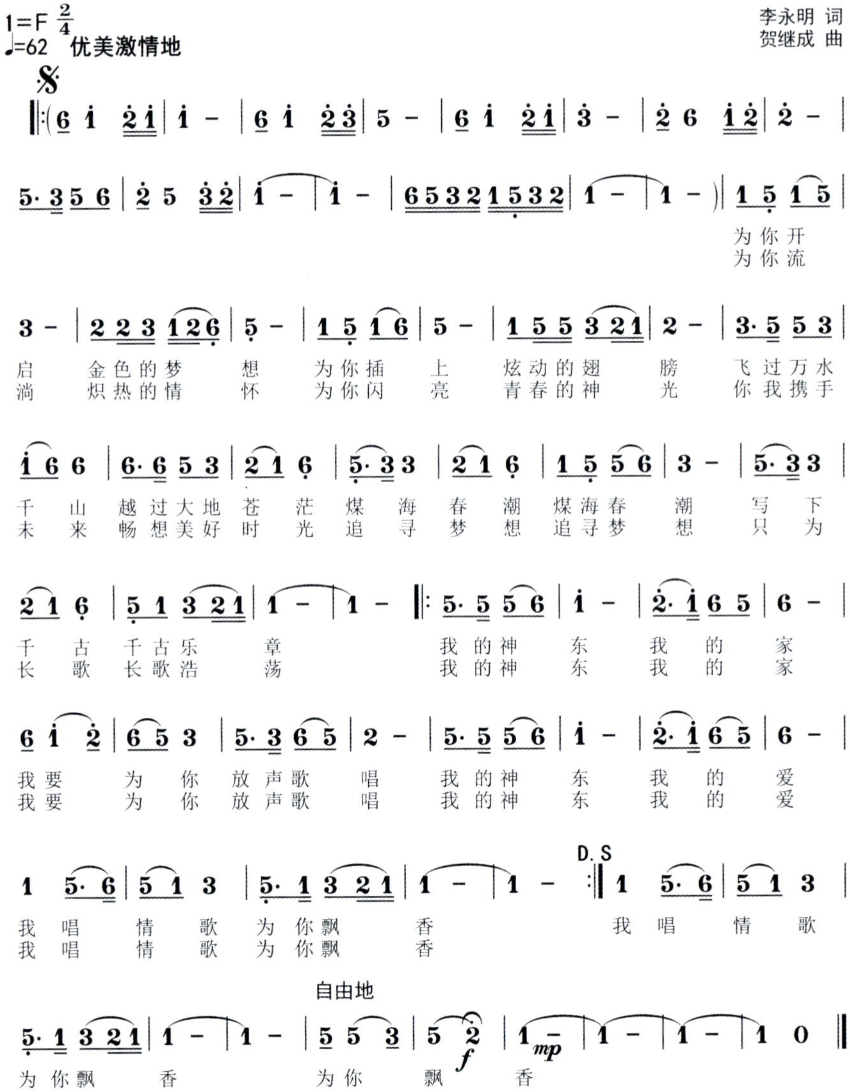

1=F 2/4
♩=62 优美激情地

为你开
为你流

启 金色的梦 想 为你插 上 炫动的翅 膀 飞过万水
淌 炽热的情 怀 为你闪 亮 青春的神 光 你我携手

千 山 越过大地 苍 茫 煤 海 春 潮 煤海春 潮 写 下
未 来 畅想美好 时 光 追 寻 梦 想 追寻梦 想 只 为

千 古 千古乐 章 我的神 东 我 的 家
长 歌 长歌浩 荡 我的神 东 我 的 家

我要 为 你 放声歌 唱 我的神 东 我 的 爱
我要 为 你 放声歌 唱 我的神 东 我 的 爱

D. S

我 唱 情 歌 为 你飘 香 我 唱 情 歌
我 唱 情 歌 为 你飘 香

自由地

为你飘 香 为你 飘 香

神东情歌

♩=62 优美激情地
李永明 词
贺继成 曲
为你开 启 金色的梦 想 为你插 上 炫动的翅 膀 飞过万水 千 山 越过大地 苍 茫 煤 海 春 潮 煤海春 潮 写 下 千 古 千古乐 章
为你流 淌 炽热的情 怀 为你闪 亮 青春的神 光 你我携手 未 来 畅想美好 时 光 追 寻 梦 想 追寻梦 想 只 为 长 歌 长歌浩 荡
我的神 东 我 的 家 我要 为 你 放声歌 唱 我的神 东 我 的 爱 我唱 情 歌 为你飘 香
我的神 东 我 的 家 我要 为 你 放声歌 唱 我的神 东 我 的 爱 我唱 情 歌 为你飘 香
D.S
我唱 情 歌 为你飘 香
自由地
为你 飘 香
f
mp

原创歌曲:《爱在神东》

作品简介

作品荣获神东2018年“赞美祖国、放歌神东”主题原创歌曲征集二等奖。

爱在神东

孙　华词
刘明杨曲

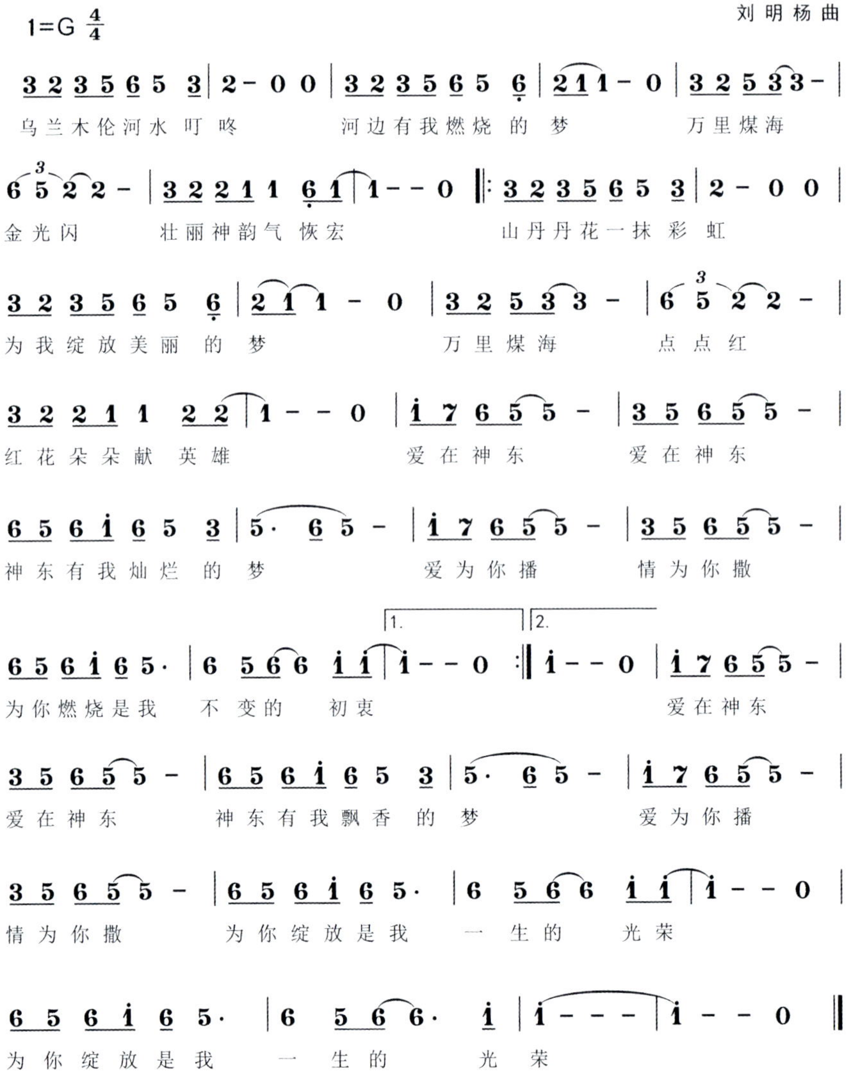

1=G $\frac{4}{4}$

3 2 3 5 6 5 3 | 2 - 0 0 | 3 2 3 5 6 5 6 | 2 1 1 - 0 | 3 2 5 3 3 - |

乌兰木伦河水叮咚　河边有我燃烧的梦　万里煤海

6 5 2 2 - | 3 2 2 1 1 6 1 | 1 - - 0 ‖: 3 2 3 5 6 5 3 | 2 - 0 0 |

金光闪　壮丽神韵气恢宏　山丹丹花一抹彩虹

3 2 3 5 6 5 6 | 2 1 1 - 0 | 3 2 5 3 3 - | 6 5 2 2 - |

为我绽放美丽的梦　万里煤海　点点红

3 2 2 1 1 2 2 | 1 - - 0 | 1̇ 7 6 5 5 - | 3 5 6 5 5 - |

红花朵朵献英雄　爱在神东　爱在神东

6 5 6 1̇ 6 5 3 | 5· 6 5 - | 1̇ 7 6 5 5 - | 3 5 6 5 5 - |

神东有我灿烂的梦　爱为你播　情为你撒

6 5 6 1̇ 6 5· | 6 5 6 6 1̇ 1̇ | 1. 1̇ - - 0 :‖ 2. 1̇ - - 0 | 1̇ 7 6 5 5 - |

为你燃烧是我不变的初衷　爱在神东

3 5 6 5 5 - | 6 5 6 1̇ 6 5 3 | 5· 6 5 - | 1̇ 7 6 5 5 - |

爱在神东　神东有我飘香的梦　爱为你播

3 5 6 5 5 - | 6 5 6 1̇ 6 5· | 6 5 6 6 1̇ 1̇ | 1̇ - - 0 |

情为你撒　为你绽放是我一生的光荣

6 5 6 1̇ 6 5· | 6 5 6 6· 1̇ | 1̇ - - - | 1̇ - - 0 ‖

为你绽放是我一生的光荣

爱在神东

孙　华词
刘明杨曲

乌兰木伦河水叮咚　河边有我燃烧的梦　万里煤海
金光闪　壮丽神韵气恢宏　山丹丹花一抹彩
虹　为我绽放美丽的梦　万里煤海
点点红　红花朵朵献英雄　爱在神东
爱在神东　神东有我灿烂的梦　爱为你播
情为你撒　为你燃烧是我　不变的初衷
1.
2.
爱在神东　爱在神东　神东有我飘香的
梦　爱为你播　情为你撒　为你绽放是我
一生的光荣　为你绽放是我　一生的光荣

原创歌曲：《可爱的矿工》

作品简介

作品荣获神东2018年“赞美祖国、放歌神东”主题原创歌曲征集二等奖。

可爱的矿工

王 淼 词
张少飞 曲

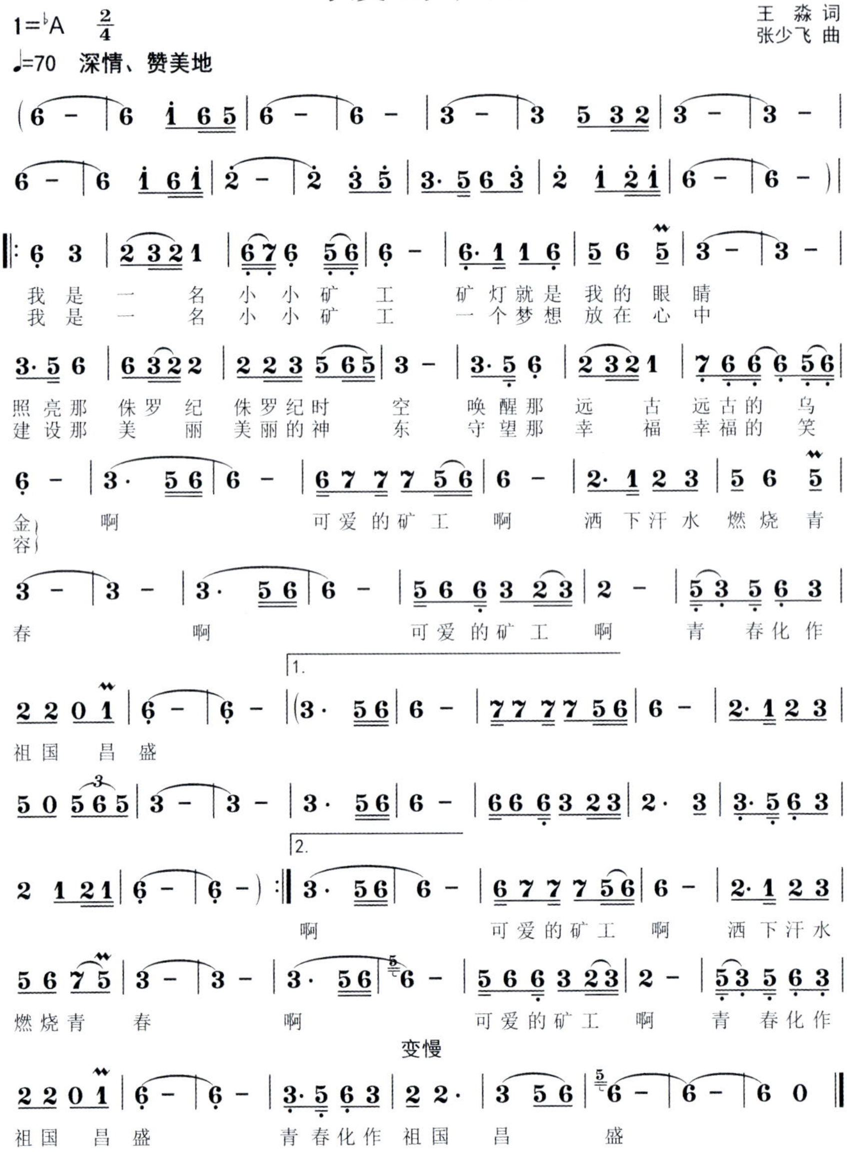

1=♭A $\frac{2}{4}$

♩=70 深情、赞美地

我是一名小小矿工 矿灯就是我的眼睛
我是一名小小矿工 一个梦想放在心中

照亮那侏罗纪 侏罗纪时空 唤醒那远古 远古的乌金
建设那美丽 美丽的神东 守望那幸福 幸福的笑容

啊 可爱的矿工 啊 洒下汗水燃烧青春 啊 可爱的矿工 啊 青春化作祖国昌盛

1.

2. 啊 可爱的矿工 啊 洒下汗水燃烧青春 啊 可爱的矿工 啊 青春化作祖国昌盛

变慢

青春化作祖国昌盛

可爱的矿工

王 淼词
张少飞曲
♩=70 深情、赞美地
我是一名小小矿工 矿灯就是我的眼睛
我是一名小小矿工 一个梦想放在心中
照亮那侏罗纪 侏罗纪时空 唤醒那远古 远古的乌金
建设那美丽 美丽的神东 守望那幸福 幸福的笑容
啊 可爱的矿工 啊 洒下汗水 燃烧青春
啊 可爱的矿工 啊 青春化作祖国昌盛
1.
2.
啊 可爱的矿工 啊 洒下汗水 燃烧青春
啊 可爱的矿工 啊 青春化作
变慢
祖国昌盛 青春化作祖国昌盛

原创歌曲：《神东　我爱你》

作品简介

作品荣获神东2016年“新歌唱神东”主题原创歌曲征集三等奖。

神东　我爱你

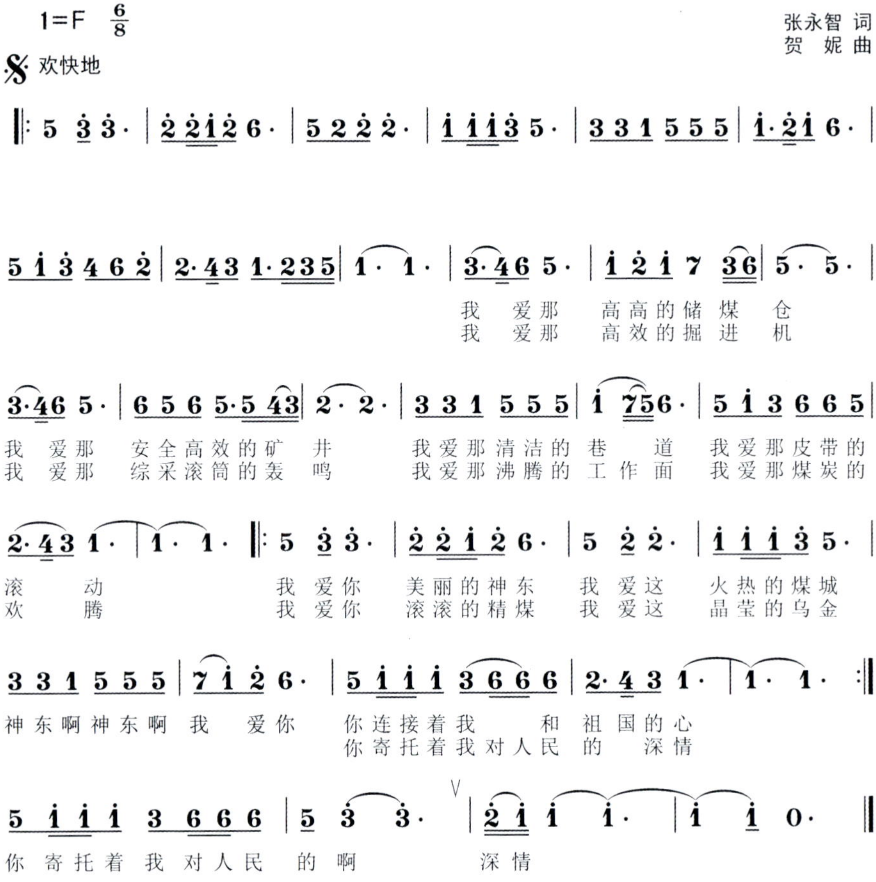

1=F $\frac{6}{8}$

张永智 词
贺　妮 曲

欢快地

我 爱那 高高的储煤仓
我 爱那 高效的掘进机

我 爱那 安全高效的矿井 我爱那清洁的巷道 我爱那皮带的
我 爱那 综采滚筒的轰鸣 我爱那沸腾的工作面 我爱那煤炭的

滚动 我爱你 美丽的神东 我爱这 火热的煤城
欢腾 我爱你 滚滚的精煤 我爱这 晶莹的乌金

神东啊神东啊 我 爱你 你连接着我 和 祖国的心
你寄托着我对人民 的 深情

你寄托着 我对人民 的啊 深情

神东 我爱你

张永智 词
贺 妮曲
欢快地
我 爱那 高高的储 煤 仓
我 爱那 高效的掘 进 机
我 爱那 安全高效的矿 井 我爱那清洁的 巷 道 我爱那皮带的
我 爱那 综采滚筒的轰 鸣 我爱那沸腾的 工 作 面 我爱那煤炭的
滚 动 我爱你 美丽的神东 我爱这 火热的煤城
欢 腾 我爱你 滚滚的精煤 我爱这 晶莹的乌金
神东啊神东啊 我 爱你 你连接着我 和 祖 国的心
神东啊神东啊 我 爱你 你寄托着我对人民 的 深情
你 寄托着 我 对人民 的 啊 深情

原创歌曲：《煤海的梦》

作品简介

作品荣获神东2018年“赞美祖国、放歌神东”主题原创歌曲征集三等奖。

煤海的梦

刘晓红 词
刘晓红 温军利 曲

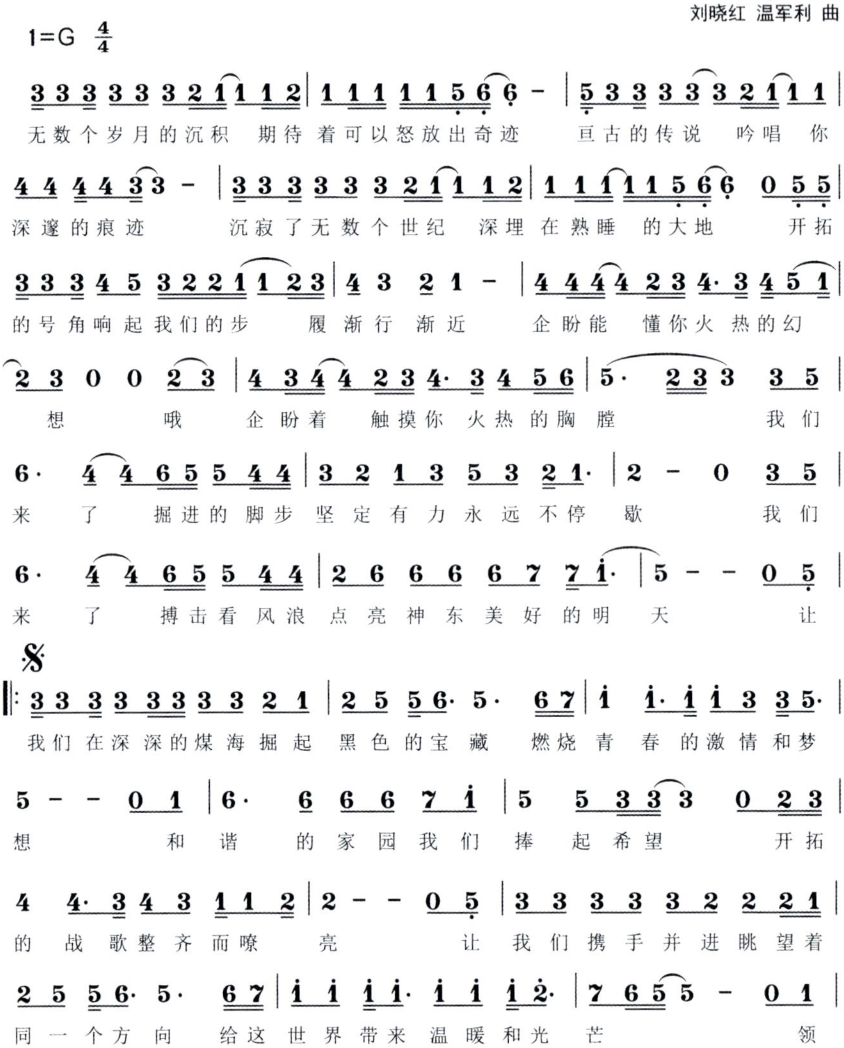

1=G 4/4

无数个岁月的沉积 期待着可以怒放出奇迹 亘古的传说 吟唱 你
深邃的痕迹 沉寂了无数个世纪 深埋在熟睡的大地 开拓
的号角响起我们的步 履渐行渐近 企盼能 懂你火热的幻
想 哦 企盼着 触摸你 火热的胸 膛 我们
来 了 掘进的脚步坚定有力永远不停 歇 我们
来 了 搏击看风浪点亮神东美好的明 天 让
我们在深深的煤海掘起 黑色的宝 藏 燃烧青 春 的激情和梦
想 和 谐 的家园我们 捧 起希望 开拓
的 战 歌整齐而嘹 亮 让 我们携手并进眺望着
同一个方向 给这世界带来温暖和光 芒 领

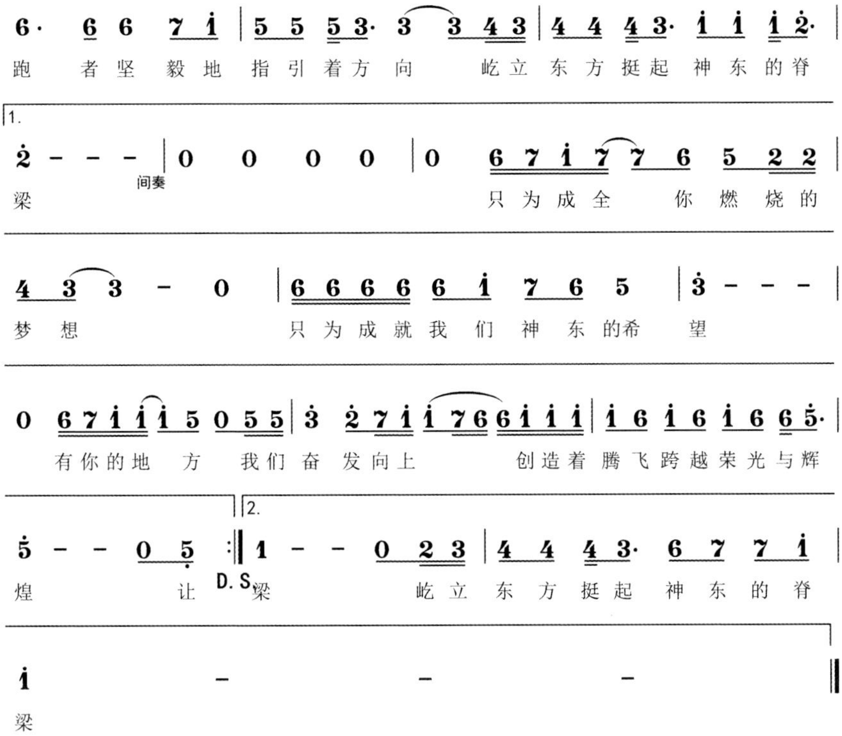

6· 6 6 7 1 | 5 5 5 3· 3 3 4 3 | 4 4 4 3· 1 1 1 2· |
跑 者坚 毅地 指引着方 向 屹立 东方挺起 神东的脊

1.
2 - - - | 0 0 0 0 | 0 6 7 1 7 7 6 5 2 2 |
间奏
梁 只为成全 你燃烧的

4 3 3 - 0 | 6 6 6 6 6 1 7 6 5 | 3 - - - |
梦想 只为成就我们神东的希 望

0 6 7 1 1 1 5 0 5 5 | 3 2 7 1 1 7 6 6 1 1 1 | 1 6 1 6 1 6 6 5· |
有你的地 方 我们奋 发向上 创造着腾飞跨越荣光与辉

2.
5 - - 0 5 :‖ 1 - - 0 2 3 | 4 4 4 3· 6 7 7 1 |
D. S.
煌 让 梁 屹立 东方挺起 神东的脊

1 - - - ‖
梁

煤海的梦

刘晓红 词
刘晓红 温军利 曲

无数个岁月的沉积 期待着可以怒放出奇迹 亘古的传说 吟唱你 深邃的痕迹
沉寂了无数个世纪 深埋在熟睡 的大地 开拓的号角响起我们的步 履渐行渐近
企盼能 懂你火热的幻 想 哦 企盼着 触摸你 火热的胸膛 我们
来 了 掘进的脚步坚定有力永远不停 歇 我们 来 了 搏击看风浪
点亮神东美好的明 天 让 我们在深深的煤海掘起 黑色的宝藏 燃烧
青 春 的激情和梦 想 和 谐 的家园我们 捧 起希望 开拓
的 战 歌整齐而嘹 亮 让 我们携手并进眺望着 同一个方 向 给这
世界带来温暖和光 芒 领 跑 者坚 毅 地 指引着方向 屹立
东 方 挺起 神 东 的脊 梁 间奏 只为成全 你燃烧的
梦想 只为成就我们神东的希 望 有你的地 方 我们
奋 发向上 创造着 腾飞跨越荣光与辉 煌 让 D. S 梁 屹立
东 方 挺 起 神 东 的 脊 梁

原创歌曲：《我的神东我自豪》

作品简介

作品荣获神东2018年“赞美祖国、放歌神东”主题原创歌曲征集三等奖。

我的神东我自豪

徐怀亮 词
李晓光 曲

1=G $\frac{4}{4}$ $\frac{2}{4}$ $\frac{3}{4}$
♩=60

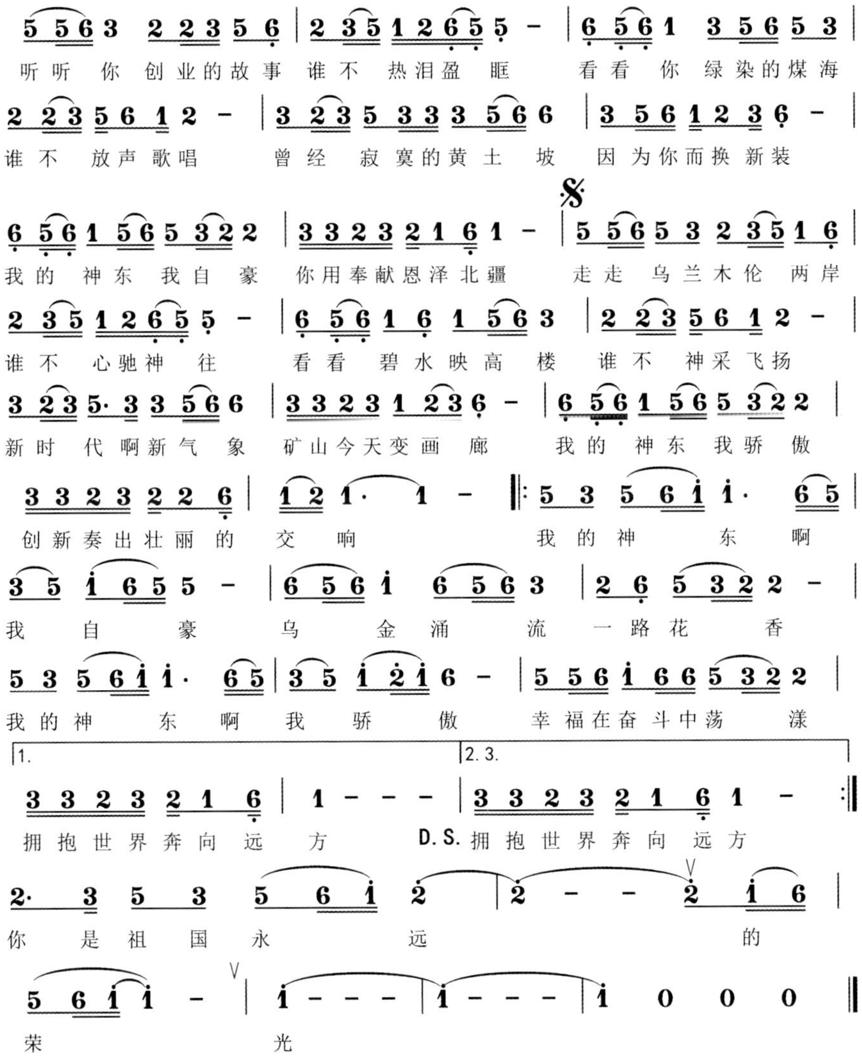

听听 你 创 业 的 故 事 谁 不 热 泪 盈 眶 看 看 你 绿 染 的 煤 海

谁 不 放 声 歌 唱 曾 经 寂 寞 的 黄 土 坡 因 为 你 而 换 新 装

我 的 神 东 我 自 豪 你 用 奉 献 恩 泽 北 疆 走 走 乌 兰 木 伦 两 岸

谁 不 心 驰 神 往 看 看 碧 水 映 高 楼 谁 不 神 采 飞 扬

新 时 代 啊 新 气 象 矿 山 今 天 变 画 廊 我 的 神 东 我 骄 傲

创 新 奏 出 壮 丽 的 交 响 我 的 神 东 啊

我 自 豪 乌 金 涌 流 一 路 花 香

我 的 神 东 啊 我 骄 傲 幸 福 在 奋 斗 中 荡 漾

1. 拥 抱 世 界 奔 向 远 方

2. 3. D.S. 拥 抱 世 界 奔 向 远 方

你 是 祖 国 永 远 的

荣 光

我的神东我自豪

徐怀亮 词
李晓光 曲

原创歌曲:《啊 神东》

作品简介

作品荣获神东2018年"赞美祖国、放歌神东"主题原创歌曲征集三等奖。

啊 神东

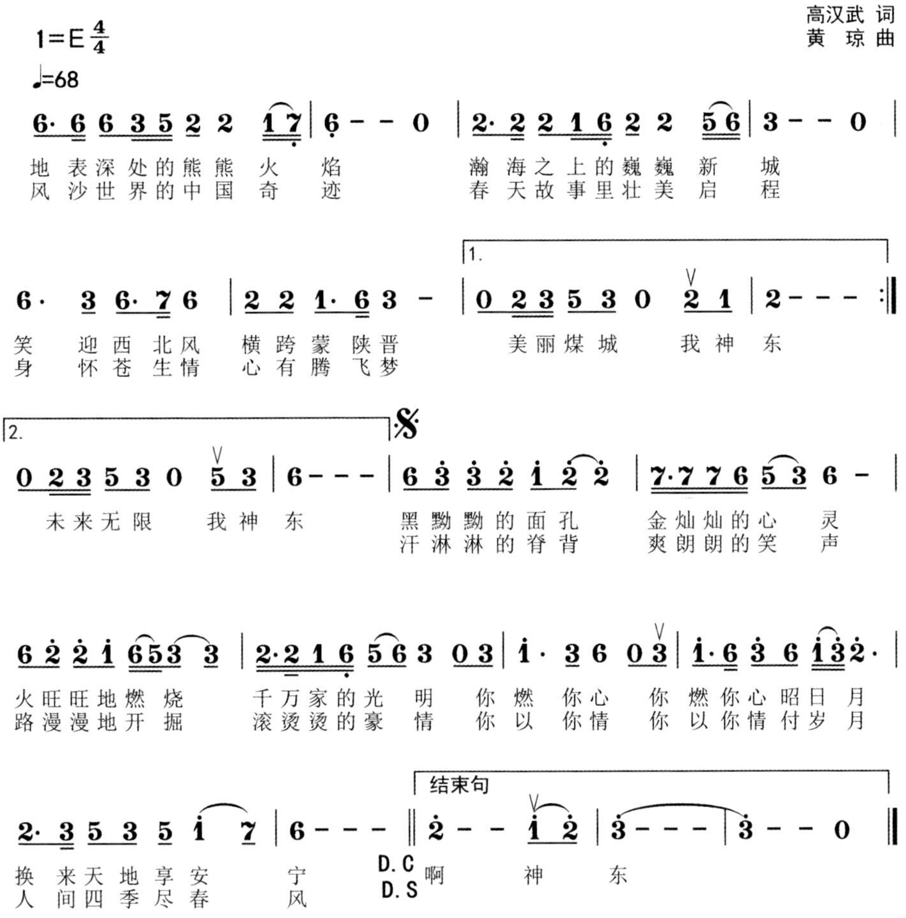

高汉武 词
黄 琼 曲

1=E 4/4

♩=68

6·6 63 5 2 2 | 1 7 | 6 - - 0 | 2·2 2 1 6 2 2 | 5 6 | 3 - - 0 |

地 表深处的熊熊火 焰 瀚海之上的巍巍新 城
风 沙世界的中国奇 迹 春天故事里壮美启 程

6· 3 6·7 6 | 2 2 1·6 3 - | 0 2 3 5 3 0 2 1 | 2 - - - :||

笑 迎西北风 横跨蒙陕晋 美丽煤城 我神东
身 怀苍生情 心有腾飞梦

[2.]
0 2 3 5 3 0 5 3 | 6 - - - | 6 3 3 2 1 2 2 | 7·7 7 6 5 3 6 - |

未来无限 我神东 黑黝黝的面孔 金灿灿的心 灵
汗淋淋的脊背 爽朗朗的笑 声

6 2 2 1 6 5 3 3 | 2·2 2 1 6 5 6 3 0 3 | 1· 3 6 0 3 | 1·6 3 6 1 3 2· |

火旺旺地燃 烧 千万家的光 明 你燃 你心 你燃你心昭日月
路漫漫地开 掘 滚烫烫的豪 情 你以 你情 你以你情付岁月

[结束句]
2·3 5 3 5 1 7 | 6 - - - || 2 - - 1 2 | 3 - - - | 3 - - 0 |||

换 来天地享安 宁 D.C 啊 神 东
人 间四季尽春 风 D.S

啊 神东

高汉武 词
黄 琼曲
♩=68
地表深处的熊熊火焰 瀚海之上的巍巍新城
风沙世界的中国奇迹 春天故事里壮美启程
笑迎西北风 横跨蒙陕晋 美丽煤城 我神东
身怀苍生情 心有腾飞梦
未来无限 我神东 黑黝黝的面孔 金灿灿的心灵
汗淋淋的脊背 爽朗朗的笑声
火旺旺地燃烧 千万家的光明 你燃你心 你燃你心昭日月
路漫漫地开掘 滚烫烫的豪情 你以你情 你以你情付岁月
换来天地享安宁 D.C
人间四季尽春风 D.S
结束句
啊 神 东

原创歌曲：《神东飞歌》

作品简介

作品荣获神东2018年“赞美祖国、放歌神东”主题原创歌曲征集三等奖。

神东飞歌

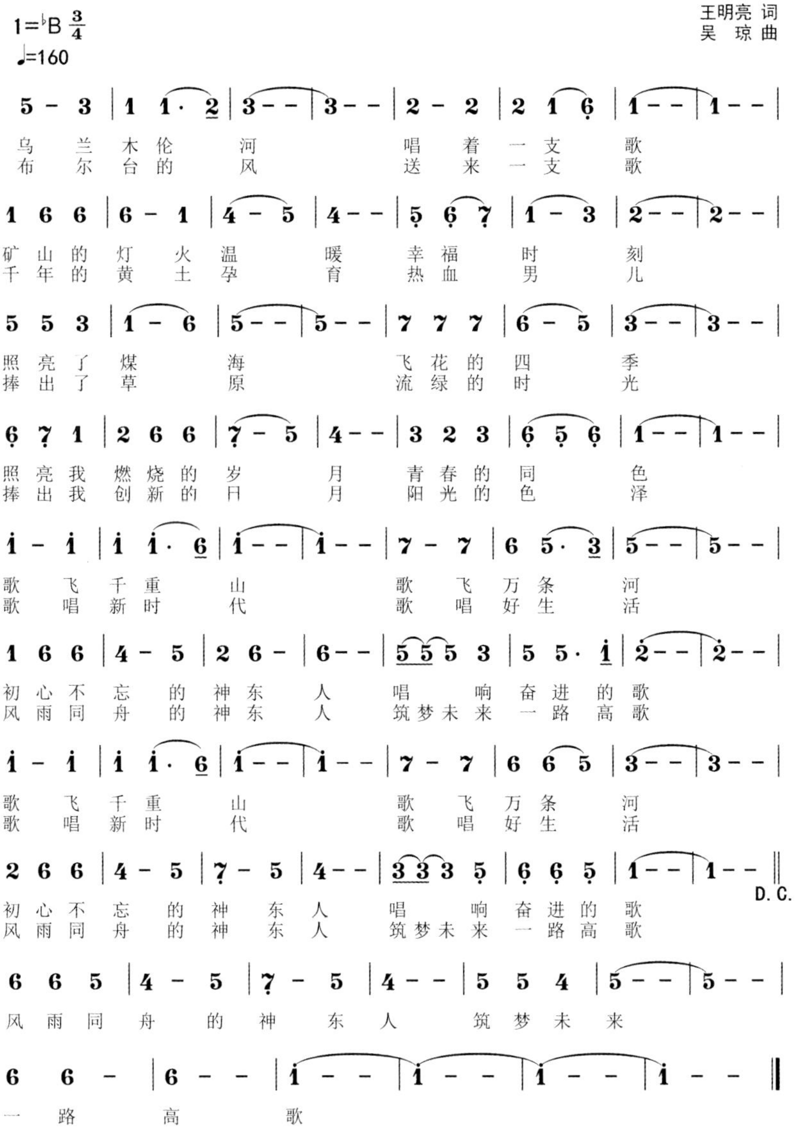

1=♭B $\frac{3}{4}$

♩=160

王明亮 词

吴 琼 曲

乌兰木伦河 唱着一支歌
布尔台的风 送来一支歌

矿山的灯火温暖 幸福时刻
千年的黄土孕育 热血男儿

照亮了煤海 飞花的四季
捧出了草原 流绿的时光

照亮我燃烧的岁月 青春的同色
捧出我创新的日月 阳光的色泽

歌飞千重山 歌飞万条河
歌唱新时代 歌唱好生活

初心不忘的神东人 唱响奋进的歌
风雨同舟的神东人 筑梦未来一路高歌

歌飞千重山 歌飞万条河
歌唱新时代 歌唱好生活

初心不忘的神东人 唱响奋进的歌
风雨同舟的神东人 筑梦未来一路高歌

D. C.

风雨同舟的神东人 筑梦未来

一路高歌

神东飞歌

王明亮 词
吴　琼曲

♩=160
乌 兰 木 伦 河 唱 着 一 支 歌
9
布 尔 台 的 风 送 来 一 支 歌
矿 山 的 灯 火 温 暖 幸 福 时 刻
17
千 年 的 黄 土 孕 育 热 血 男 儿
照 亮 了 煤 海 飞 花 的 四 季
25
捧 出 了 草 原 流 绿 的 时 光
照 亮 我 燃 烧 的 岁 月 青 春 的 同 色
33
捧 出 我 创 新 的 日 月 阳 光 的 色 泽
歌 飞 千 重 山 歌 飞 万 条 河
41
歌 唱 新 时 代 歌 唱 好 生 活
初 心 不 忘 的 神 东 人 唱 响 奋 进 的 歌
49
风 雨 同 舟 的 神 东 人 筑 梦 未 来 一 路 高 歌
歌 飞 千 重 山 歌 飞 万 条 河
57
歌 唱 新 时 代 歌 唱 好 生 活
D. C.
初 心 不 忘 的 神 东 人 唱 响 奋 进 的 歌
65
风 雨 同 舟 的 神 东 人 筑 梦 未 来 一 路 高 歌
风 雨 同 舟 的 神 东 人 筑 梦 未 来
72
一 路 高 歌

原创歌曲:《太阳石之子》

作品简介

作品荣获神东2018年“赞美祖国、放歌神东”主题原创歌曲征集三等奖。

太阳石之子

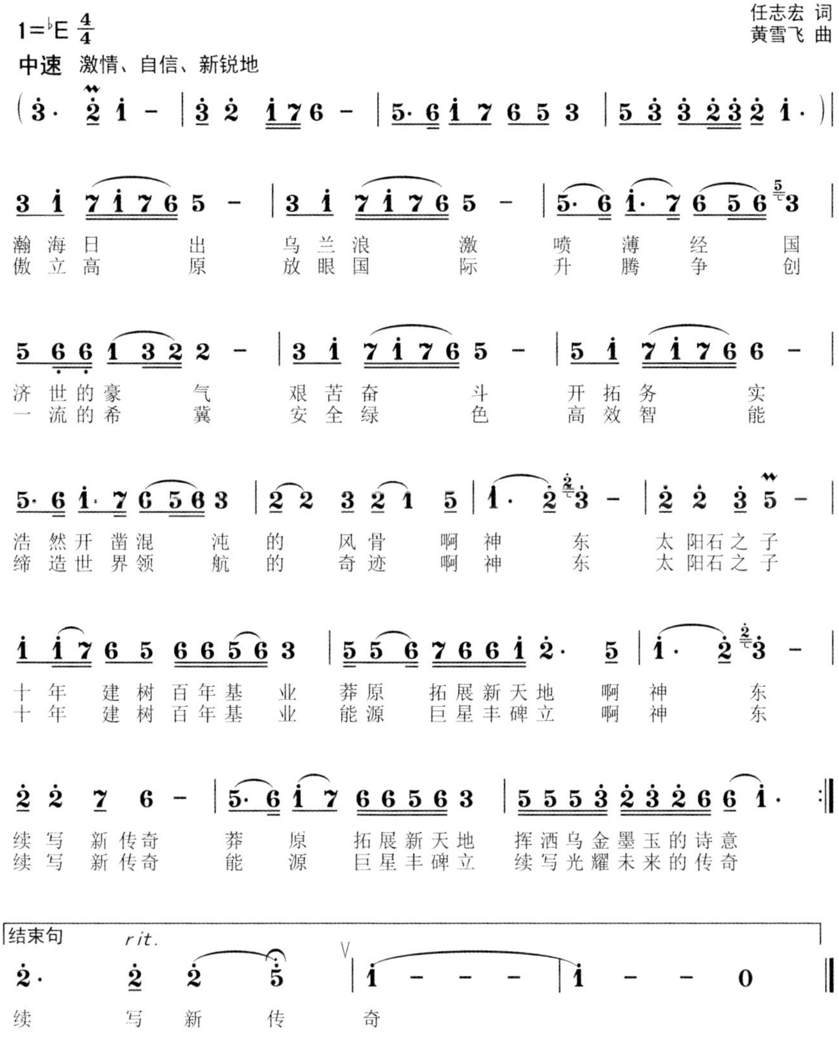

任志宏 词
黄雪飞 曲

1=♭E $\frac{4}{4}$

中速 激情、自信、新锐地

瀚海日出 乌兰浪激 喷薄经国
傲立高原 放眼国际 升腾争创

济世的豪气 艰苦奋斗 开拓务实
一流的希冀 安全绿色 高效智能

浩然开凿混沌的风骨 啊 神东 太阳石之子
缔造世界领航的奇迹 啊 神东 太阳石之子

十年建树百年基业 莽原拓展新天地 啊 神东
十年建树百年基业 能源巨星丰碑立 啊 神东

续写新传奇 莽原拓展新天地 挥洒乌金墨玉的诗意
续写新传奇 能源巨星丰碑立 续写光耀未来的传奇

结束句 rit.

续写新传奇

太阳石之子

任志宏 词
黄雪飞 曲

♩=88 激情、自信、新锐地
瀚海日出 乌兰浪激 喷薄经国
傲立高原 放眼国际 升腾争创
济世的豪气 艰苦奋斗 开拓务实
一流的希冀 安全绿色 高效智能
浩然开凿混沌的风骨 啊 神东 太阳石之子
缔造世界领航的奇迹 啊 神东 太阳石之子
十年建树百年基业 莽原拓展新天地 啊 神东
十年建树百年基业 能源巨星丰碑立 啊 神东
续写新传奇 莽原 拓展新天地 挥洒乌金墨玉的诗意
续写新传奇 能源 巨星丰碑立 续写光耀未来的传奇
结束句
rit.
续写新传奇

原创歌曲：《乌兰木伦河的三十年》

作品简介

作品荣获神东2018年“赞美祖国、放歌神东”主题原创歌曲征集三等奖。

乌兰木伦河的三十年

1=B $\frac{4}{4}$

♩=80

方勇词

方勇曲

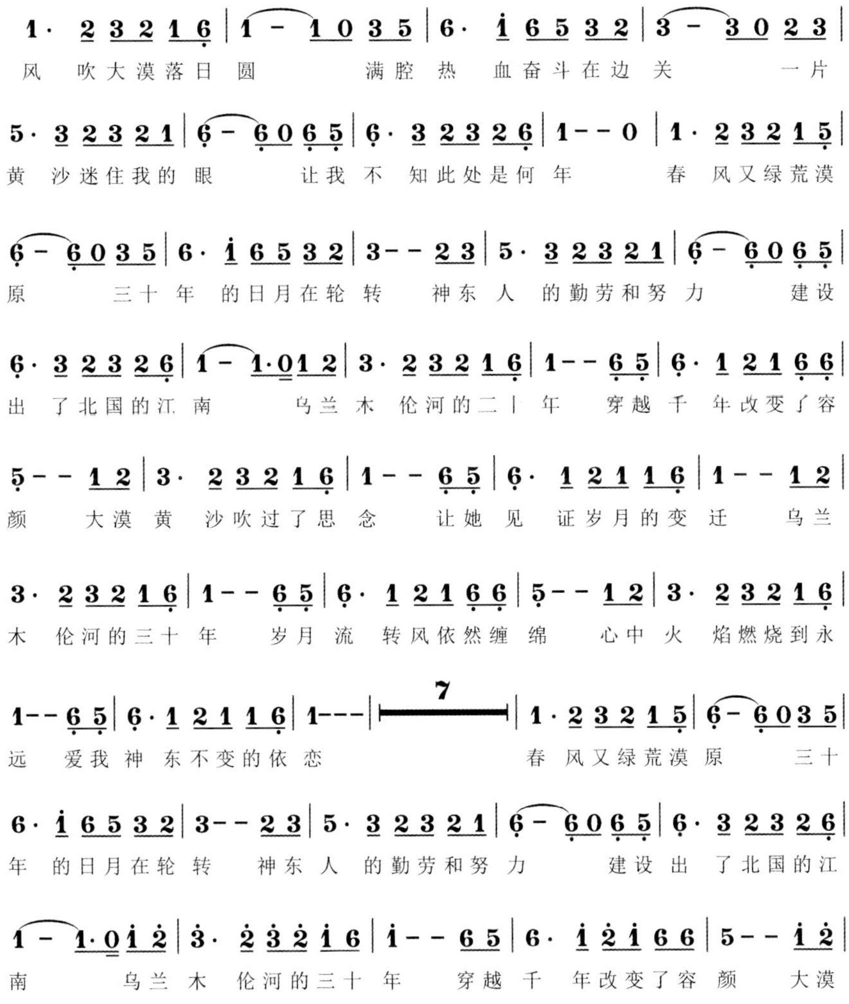

1· 2 3 2 1 6 | 1 – 1 0 3 5 | 6· 1 6 5 3 2 | 3 – 3 0 2 3 |

风 吹大漠落日 圆 满腔 热 血奋斗在边 关 一片

5· 3 2 3 2 1 | 6 – 6 0 6 5 | 6· 3 2 3 2 6 | 1 – – 0 | 1· 2 3 2 1 5 |

黄 沙迷住我的 眼 让我 不 知此处是何 年 春 风又绿荒漠

6 – 6 0 3 5 | 6· 1 6 5 3 2 | 3 – – 2 3 | 5· 3 2 3 2 1 | 6 – 6 0 6 5 |

原 三十 年 的日月在轮 转 神东 人 的勤劳和努 力 建设

6· 3 2 3 2 6 | 1 – 1·0 1 2 | 3· 2 3 2 1 6 | 1 – – 6 5 | 6· 1 2 1 6 6 |

出 了北国的江 南 乌兰 木 伦河的三十 年 穿越 千 年改变了容

5 – – 1 2 | 3· 2 3 2 1 6 | 1 – – 6 5 | 6· 1 2 1 1 6 | 1 – – 1 2 |

颜 大漠 黄 沙吹过了思 念 让她 见 证岁月的变 迁 乌兰

3· 2 3 2 1 6 | 1 – – 6 5 | 6· 1 2 1 6 6 | 5 – – 1 2 | 3· 2 3 2 1 6 |

木 伦河的三十 年 岁月 流 转风依然缠 绵 心中 火 焰燃烧到永

1 – – 6 5 | 6· 1 2 1 1 6 | 1 – – – | 7 | 1· 2 3 2 1 5 | 6 – 6 0 3 5 |

远 爱我 神 东不变的依 恋 春 风又绿荒漠 原 三十

6· 1 6 5 3 2 | 3 – – 2 3 | 5· 3 2 3 2 1 | 6 – 6 0 6 5 | 6· 3 2 3 2 6 |

年 的日月在轮 转 神东 人 的勤劳和努 力 建设 出 了北国的江

1 – 1·0 1 2 | 3· 2 3 2 1 6 | 1 – – 6 5 | 6· 1 2 1 6 6 | 5 – – 1 2 |

南 乌兰 木 伦河的三十 年 穿越 千 年改变了容 颜 大漠

3̇· 2̇3̇2̇1̇6 | 1̇ - - 6 5 | 6· 1̇ 2̇1̇ 1̇6 | 1̇ - - 1̇2̇ | 3̇· 2̇3̇2̇1̇6 |

黄 沙吹过了思 念 让她 见 证岁月的变 迁 乌兰 木 伦河的三十

1̇ - - 6 5 | 6· 1̇ 2̇1̇ 6 6 | 5 - - 1̇2̇ | 3̇· 2̇3̇2̇1̇6 | 1̇ - - 6 5 |

年 岁月 流 转风依然缠 绵 心中 火 焰燃烧到永 远 爱我

6· 1̇ 2̇1̇ 1̇6 | 1̇ - - 1̇2̇ | 3̇· 2̇3̇2̇1̇6 | 1̇ - - 6 5 | 6· 1̇ 2̇1̇ 6 6 |

神 东不变的依 恋 乌兰 木 伦河的三十 年 穿越 千 年改变了容

5 - - 1̇2̇ | 3̇· 2̇3̇2̇1̇6 | 1̇ - - 6 5 | 6· 1̇ 2̇1̇ 1̇6 | 1̇ - - 1̇2̇ |

颜 大漠 黄 沙吹过了思 念 让她 见 证岁月的变 迁 乌兰

3̇· 2̇3̇2̇1̇6 | 1̇ - - 6 5 | 6· 1̇ 2̇1̇ 6 6 | 5 - - 1̇2̇ |

木 伦河的三十 年 岁月 流 转风依然缠 绵 心中

3̇· 2̇3̇2̇1̇6 | 6 - - 6 5 | 6· 1̇ 2̇1̇ 1̇6 | 1̇ - - - ‖

火 焰燃烧到永 远 爱我 神 东不变的依 恋

乌兰木伦河的三十年

方勇词
方勇曲

♩=80
风 吹大漠落日 圆 满腔 热 血奋斗在边 关 一片
黄 沙迷住我的 眼 让我 不 知此处是何 年 春 风又绿荒漠
原 三十 年 的日月在轮 转 神东 人 的勤劳和努 力 建设
出 了北国的江 南 乌兰 木 伦河的三十 年 穿越 千 年改变了容
颜 大漠 黄 沙吹过了思 念 让她 见 证岁月的变 迁 乌兰
木 伦河的三十 年 岁月 流 转风依然缠 绵 心中 火 焰燃烧到永
远 爱我 神 东不变的依 恋 春 风又绿荒漠 原 三十
年 的日月在轮 转 神东 人 的勤劳和努 力 建设 出 了北国的江
南 乌兰 木 伦河的三十 年 穿越 千 年改变了容 颜 大漠
黄 沙吹过了思 念 让她 见 证岁月的变 迁 乌兰 木 伦河的三十

57
年 岁月 流 转风依然缠 绵 心中 火 焰燃烧到永 远 爱我
62
神 东不变的依 恋 乌兰 木 伦河的三十 年 穿越 千 年改变了容
67
颜 大漠 黄 沙吹过了思 念 让她 见 证岁月的变 迁 乌兰
72
木 伦河的三十 年 岁月 流 转风依然缠 绵 心中 火 焰燃烧到永
77
远 爱我 神 东不变的依 恋

原创歌曲：《神东之夜》

作品简介

作品荣获神东2022年“社会主义是干出来的”主题原创歌曲征集三等奖。

神东之夜

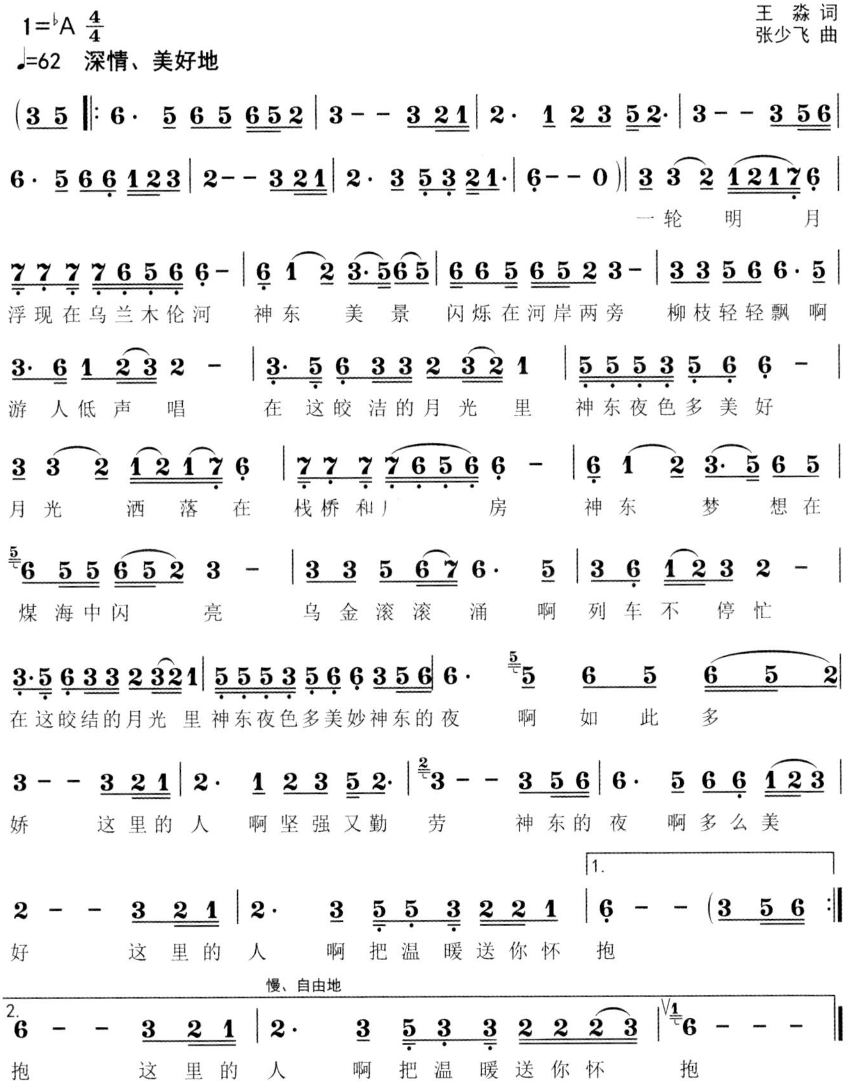

王　淼 词
张少飞 曲

1=♭A $\frac{4}{4}$

♩=62　深情、美好地

一轮　明　月

浮现在乌兰木伦河　神东　美　景　闪烁在河岸两旁　柳枝轻轻飘　啊

游　人低　声　唱　在　这皎　洁的月　光　里　神东夜色多　美　好

月光　洒　落　在　栈桥　和厂　房　神　东　梦　想　在

煤　海　中闪　亮　乌　金　滚　滚　涌　啊　列　车　不　停忙

在这皎结的月光　里　神东夜色多美妙神东的夜　啊　如　此　多

娇　这　里　的　人　啊　坚　强　又　勤　劳　神　东的　夜　啊　多　么　美

1.

好　这　里　的　人　啊　把　温　暖　送　你　怀　抱

慢、自由地

2.

抱　这　里　的　人　啊　把　温　暖　送　你　怀　抱

神东之夜

王　淼 词
张少飞 曲

♩=62 深情、美好地
一轮明月浮现在乌兰木伦河 神东美景闪烁在河岸两旁
柳枝轻轻飘啊 游人低声唱 在这皎洁的月光里 神东夜色多美好
月光洒落在栈桥和厂房 神东梦想在煤海中闪亮
乌金滚滚涌啊 列车不停忙 在这皎结的月光里 神东夜色多美妙 神东的
夜啊如此多娇 这里的人啊坚强又勤劳 神东的
夜啊多么美好 这里的人啊把温暖送你怀抱
1.
2.
慢、自由地
抱 这里的人啊把温暖送你怀抱

原创歌曲：《美丽煤城》

作品简介

作品荣获神东2022年“社会主义是干出来的”主题原创歌曲征集三等奖。

美丽煤城

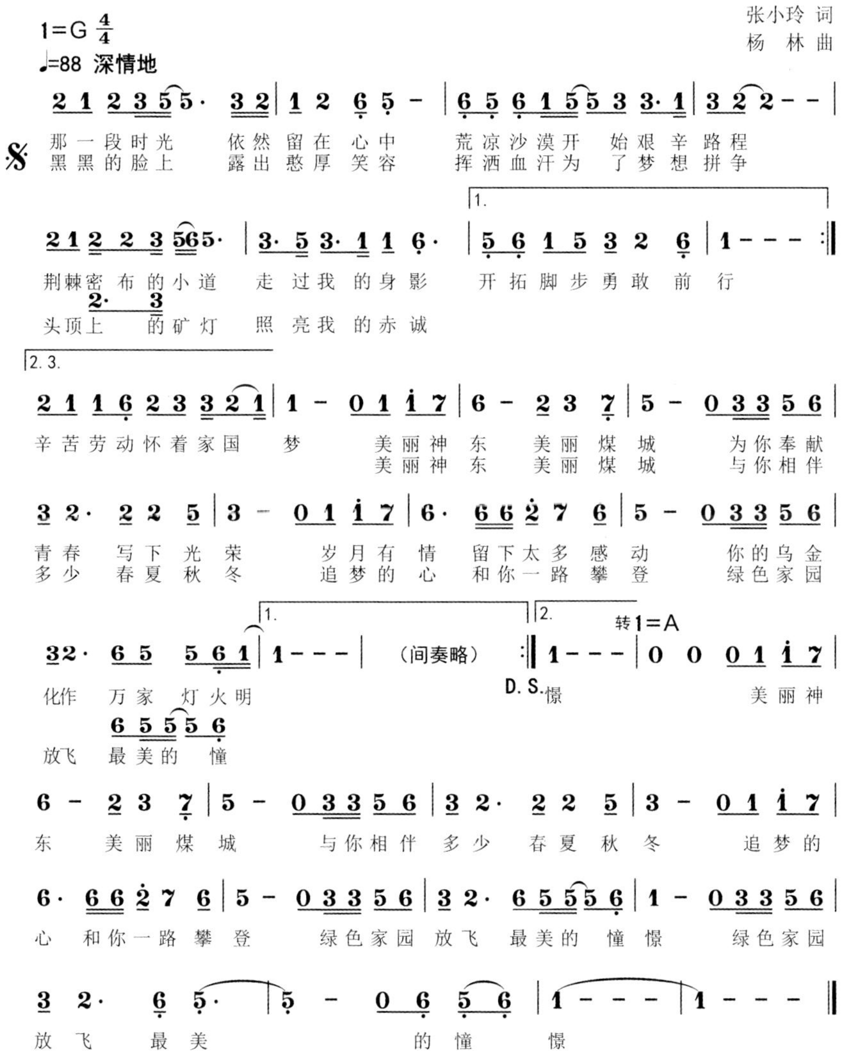

张小玲 词
杨　林 曲

1=G $\frac{4}{4}$
♩=88 深情地

那一段时光 依然留在心中 荒凉沙漠开 始艰辛路程
黑黑的脸上 露出憨厚笑容 挥洒血汗为 了梦想拼争

荆棘密布的小道 走过我的身影 开拓脚步勇敢前行
头顶上的矿灯 照亮我的赤诚

辛苦劳动怀着家国梦 美丽神东 美丽煤城 为你奉献
美丽神东 美丽煤城 与你相伴

青春 写下光荣 岁月有情 留下太多感动 你的乌金
多少 春夏秋冬 追梦的心 和你一路攀登 绿色家园

化作 万家灯火明 （间奏略） D. S. 憬
放飞 最美的 憧

转1=A
美丽神东 美丽煤城 与你相伴多少 春夏秋冬 追梦的心 和你一路攀登 绿色家园放飞 最美的憧憬 绿色家园

放飞 最美 的憧憬

美丽煤城

张小玲 词
杨 林 曲

♩=88 深情地
那一段时光 依然留在心中 荒凉沙漠开 始艰辛路程
黑黑的脸上 露出憨厚笑容 挥洒血汗为 了梦想拼争
荆棘密布的小道 走过我的身影 开拓脚步勇敢前行
头顶上 的矿灯 照亮我的赤诚
辛苦劳动怀着家国梦 美丽神东 美丽煤城 为你奉献
美丽神东 美丽煤城 与你相伴
青春 写下光荣 岁月有情 留下太多感动 你的乌金
多少 春夏秋冬 追梦的心 和你一路攀登 绿色家园
化作 万家 灯火明 （间奏略） D.S. 憬 美丽神东 美丽煤
放飞 最美的 憧
城 与你相伴 多少 春夏秋冬 追梦的心 和你一路攀
登 绿色家园 放飞 最美的 憧憬 绿色家园
放飞 最美 的憧 憬

原创歌曲:《大美神东》

作品简介

作品荣获神东2022年“社会主义是干出来的”主题原创歌曲征集三等奖。

大美神东

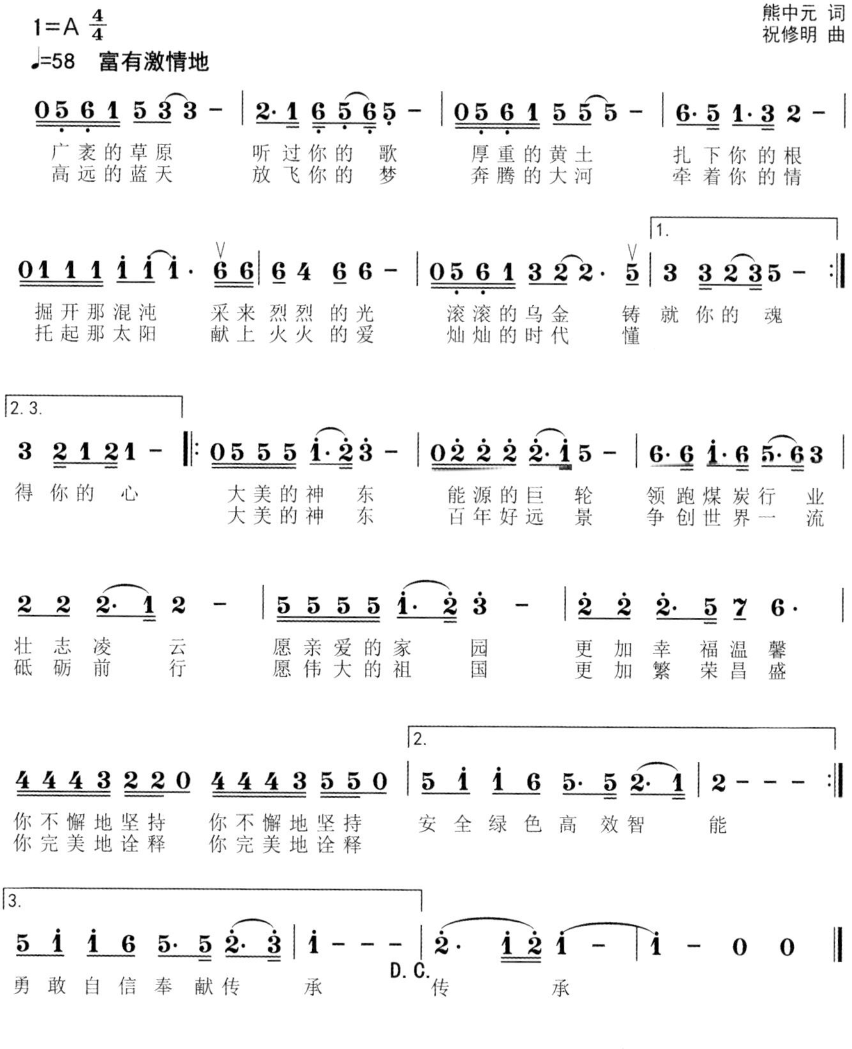

1=A $\frac{4}{4}$

♩=58 富有激情地

熊中元 词
祝修明 曲

0561 533 3 - | 2·1 656 5 5 - | 0561 555 5 - | 6·5 1·3 2 - |

广袤的草原 听过你的 歌 厚重的黄土 扎下你的根
高远的蓝天 放飞你的 梦 奔腾的大河 牵着你的情

0111 111 1· 66 | 64 66 - | 0561 322 2· 5 | 1. 3 3235 - :||

掘开那混沌 采来烈烈 的光 滚滚的乌金 铸 就 你的 魂
托起那太阳 献上 火火 的爱 灿灿的时代 懂

2. 3. 3 21 21 1 - ||: 0555 1·23 - | 0222 2·1 5 - | 6·6 1·6 5·63 |

得 你的 心 大美的神 东 能源的巨 轮 领跑煤炭行 业
大美的神 东 百年好远 景 争创世界一 流

2 2 2· 1 2 - | 5555 1· 2 3 - | 2 2 2· 5 7 6· |

壮 志 凌 云 愿亲爱的家 园 更 加 幸 福温 馨
砥 砺 前 行 愿伟大的祖 国 更 加 繁 荣昌 盛

4443 220 4443 550 | 2. 5 1 1 6 5· 5 2· 1 | 2 - - - :||

你不懈地坚持 你不懈地坚持 安 全 绿 色 高 效智 能
你完美地诠释 你完美地诠释

3. 5 1 1 6 5· 5 2· 3 | 1 - - - | 2· 12 1 - | 1 - 0 0 ||

D. C.

勇 敢 自 信 奉 献 传 承 传 承

大美神东

熊中元 词
祝修明 曲

♩=58 富有激情地
广袤的草原 听过你的歌 厚重的黄土
高远的蓝天 放飞你的梦 奔腾的大河
扎下你的根 掘开那混沌 采来烈烈的光
牵着你的情 托起那太阳 献上火火的爱
滚滚的乌金 铸就你的魂
灿灿的时代 懂
1.
2.3.
得你的心
大美的神东 能源的巨轮 领跑煤炭行业
大美的神东 百年好远景 争创世界一流
壮志凌云 愿亲爱的家园 更加幸福温馨
砥砺前行 愿伟大的祖国 更加繁荣昌盛
你不懈地坚持 你不懈地坚持 安全绿色高效智能
你完美地诠释 你完美地诠释
2.
3.
勇敢自信奉献传承 D.C. 传承

原创歌曲：《光荣的神东》

作品简介

作品荣获神东2022年“社会主义是干出来的”主题原创歌曲征集三等奖。

光荣的神东

陶巧红 词
高　飞 曲

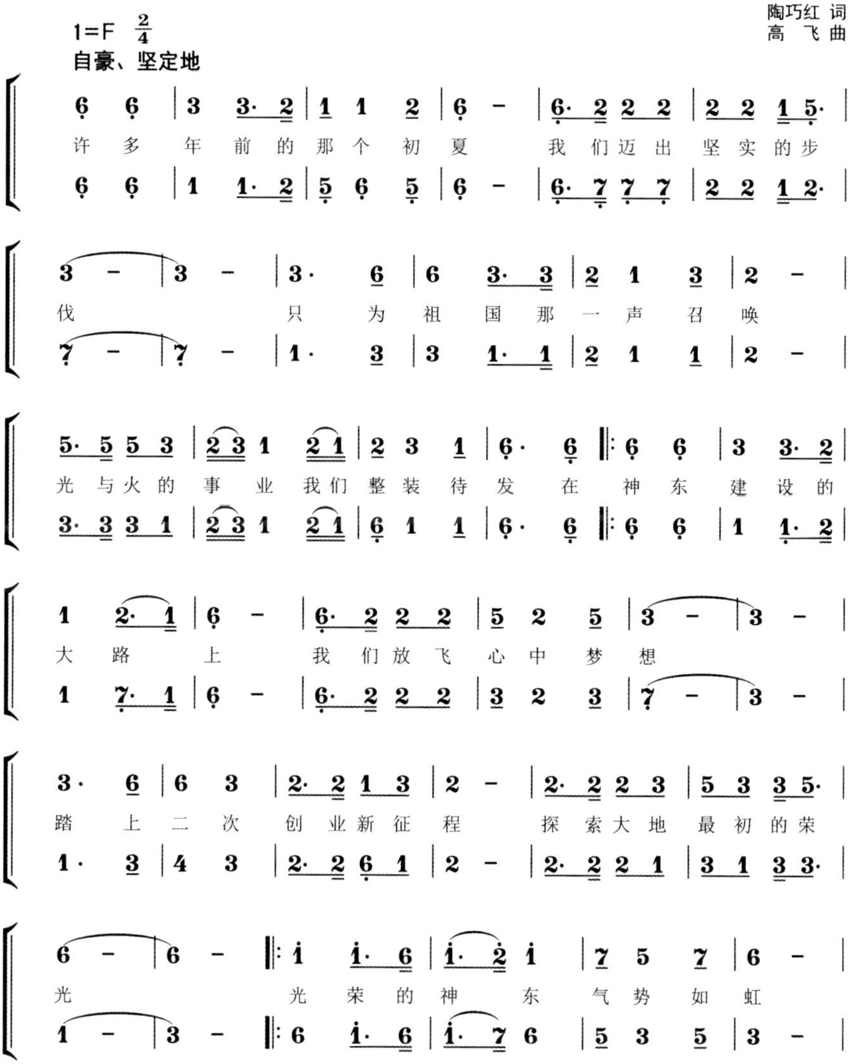

1=F $\frac{2}{4}$

自豪、坚定地

许多年前的那个初夏 我们迈出坚实的步伐

只为祖国那一声召唤

光与火的事业我们整装待发 在神东建设的

大路上 我们放飞心中梦想

踏上二次创业新征程 探索大地最初的荣

光 光荣的神东 气势如虹

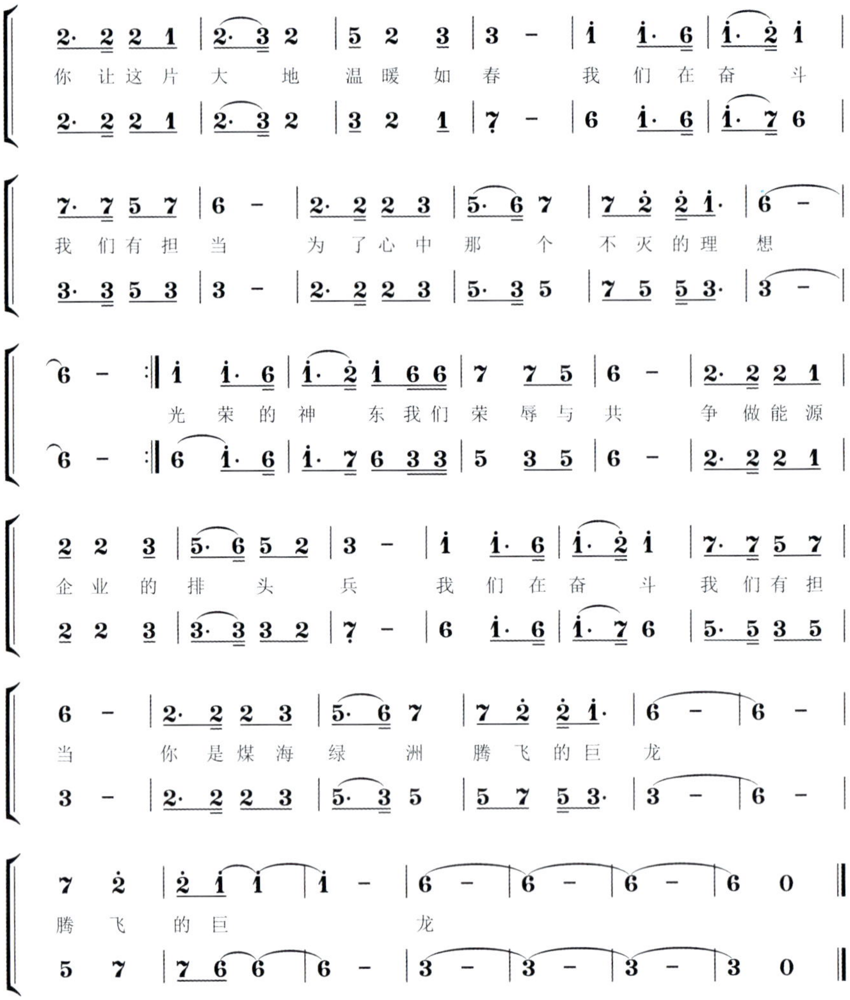

你让这片大地温暖如春 我们在奋斗

2· 2 2 1 | 2· 3 2 | 3 2 1 | 7 - | 6 i· 6 i· 7 6 |

7· 7 5 7 | 6 - | 2· 2 2 3 | 5· 6 7 | 7 2 2 i· | 6 - |

我们有担当 为了心中那个不灭的理想

3· 3 5 3 | 3 - | 2· 2 2 3 | 5· 3 5 | 7 5 5 3· | 3 - |

6 - ‖: i i· 6 i· 2 i 6 6 | 7 7 5 | 6 - | 2· 2 2 1 |

光荣的神东我们荣辱与共 争做能源

6 - ‖: 6 i· 6 i· 7 6 3 3 | 5 3 5 | 6 - | 2· 2 2 1 |

2 2 3 | 5· 6 5 2 | 3 - | i i· 6 i· 2 i | 7· 7 5 7 |

企业的排头兵 我们在奋斗 我们有担

2 2 3 | 3· 3 3 2 | 7 - | 6 i· 6 i· 7 6 | 5· 5 3 5 |

6 - | 2· 2 2 3 | 5· 6 7 | 7 2 2 i· | 6 - | 6 - |

当 你是煤海绿洲腾飞的巨龙

3 - | 2· 2 2 3 | 5· 3 5 | 5 7 5 3· | 3 - | 6 - |

7 2 | 2 i 1 1 | i - | 6 - | 6 - | 6 - | 6 0 ‖

腾飞的巨龙

5 7 | 7 6 6 | 6 - | 3 - | 3 - | 3 - | 3 0 ‖

184

光荣的神东

陶巧红 词
高 飞 曲

国能神东煤炭
企业文化建设系列丛书

原创歌曲:《最亮的光》

作品简介

作品荣获神东2022年“社会主义是干出来的”主题原创歌曲征集优秀奖。

最亮的光

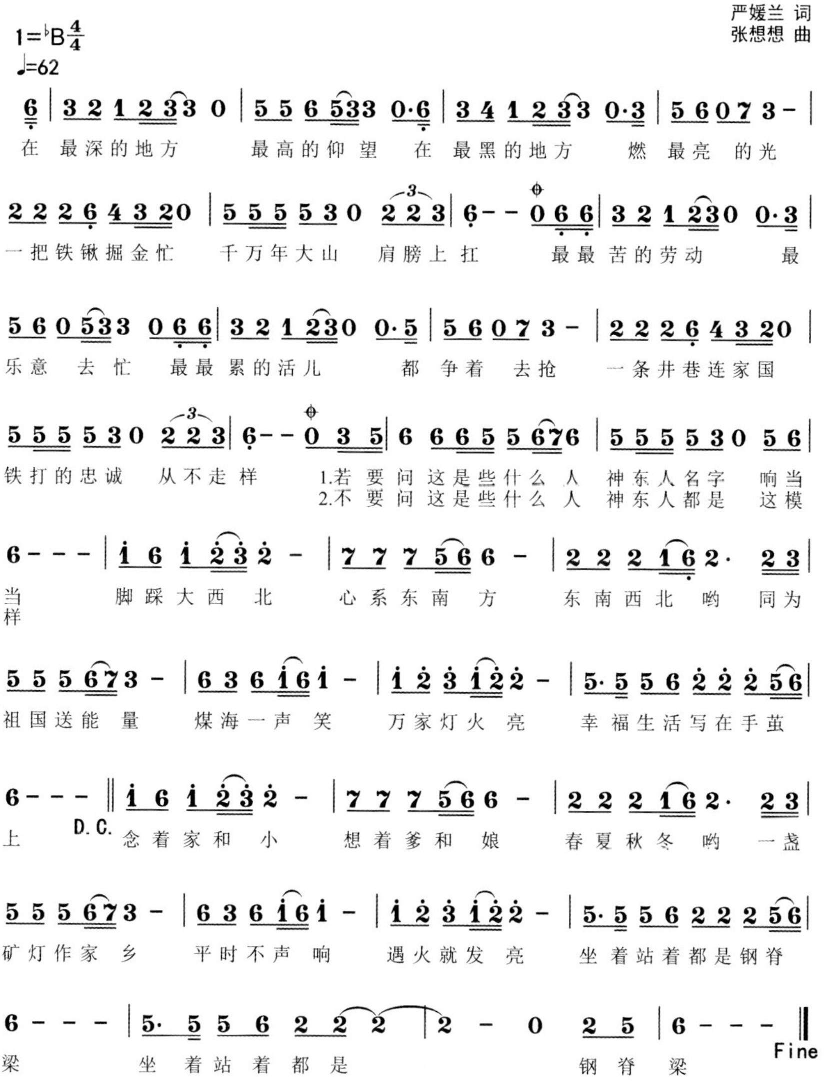

严媛兰 词
张想想 曲

1=♭B $\frac{4}{4}$
♩=62

在 最深的地方 最高的仰望 在 最黑的地方 燃 最亮 的光

一把铁锹掘金忙 千万年大山 肩膀上扛 最最苦的劳动 最

乐意 去忙 最最累的活儿 都 争着 去抢 一条井巷连家国

铁打的忠诚 从不走样 1.若 要 问 这是些什么 人 神东人名字 响当
2.不 要 问 这是些什么 人 神东人都是 这模

当
样 脚踩大西 北 心系东南 方 东南西北 哟 同为

祖国送能 量 煤海一声 笑 万家灯火 亮 幸福生活写在手茧

上 D.C. 念着家和 小 想着爹和 娘 春夏秋冬 哟 一盏

矿灯作家 乡 平时不声 响 遇火就发 亮 坐着站着都是钢脊

梁 坐 着站 着 都 是 钢 脊 梁 Fine

最亮的光

严媛兰 词
张想想 曲

原创歌曲:《神东之歌》

作品简介

作品荣获神东2022年“社会主义是干出来的”主题原创歌曲征集优秀奖。

神东之歌

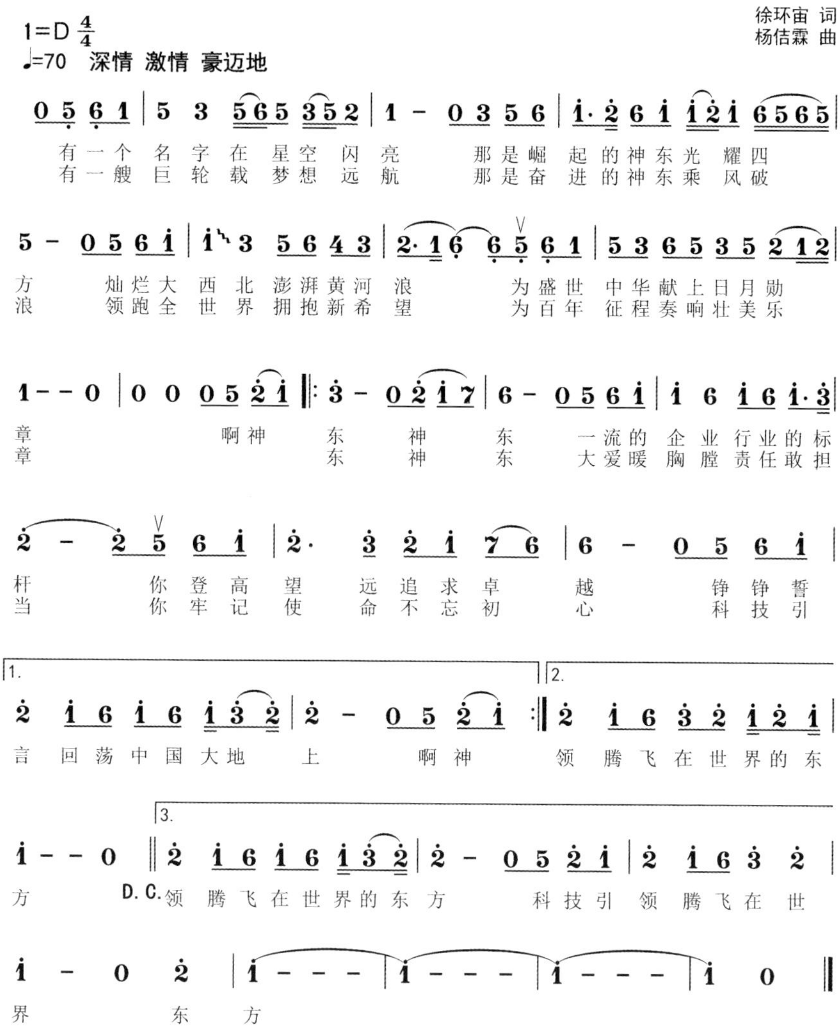

徐环宙 词
杨佶霖 曲

1=D $\frac{4}{4}$

♩=70 深情 激情 豪迈地

有一个名字在星空闪亮 那是崛起的神东光耀四
有一艘巨轮载梦想远航 那是奋进的神东乘风破

方 灿烂大西北澎湃黄河浪 为盛世中华献上日月勋
浪 领跑全世界拥抱新希望 为百年征程奏响壮美乐

章 啊神 东 神 东 一流的企业行业的标
章 东 神 东 大爱暖胸膛责任敢担

杆 你登高望远追求卓越 铮铮誓
当 你牢记使命不忘初心 科技引

1. 言回荡中国大地上 啊神
2. 领腾飞在世界的东

方 D. C.

3. 领腾飞在世界的东方 科技引领腾飞在世

界 东 方

神东之歌

徐环宙 词
杨佶霖 曲

♩=70 深情 激情 豪迈地
有一个 名字在 星空闪亮 那是崛起的神东光耀四
有一艘 巨轮载 梦想远航 那是奋进的神东乘风破
方 灿烂大 西北 澎湃黄河 浪 为盛世 中华献上日月勋
浪 领跑全 世界 拥抱新希 望 为百年 征程奏响壮美乐
章 啊神 东 神 东 一流的 企业 行业的标
章 东 神 东 大爱暖 胸膛 责任敢担
杆 你登高 望 远追求卓 越 铮铮誓
当 你牢记 使 命不忘初 心 科技引
1.
言 回荡中国大地 上 啊神
2.
领 腾飞在世界的东
方
D.C.
3.
领 腾飞在世界的东 方 科技引 领 腾飞在 世
界 东 方

原创歌曲：《我们的名字叫神东》

作品简介

作品荣获神东2022年“社会主义是干出来的”主题原创歌曲征集优秀奖。

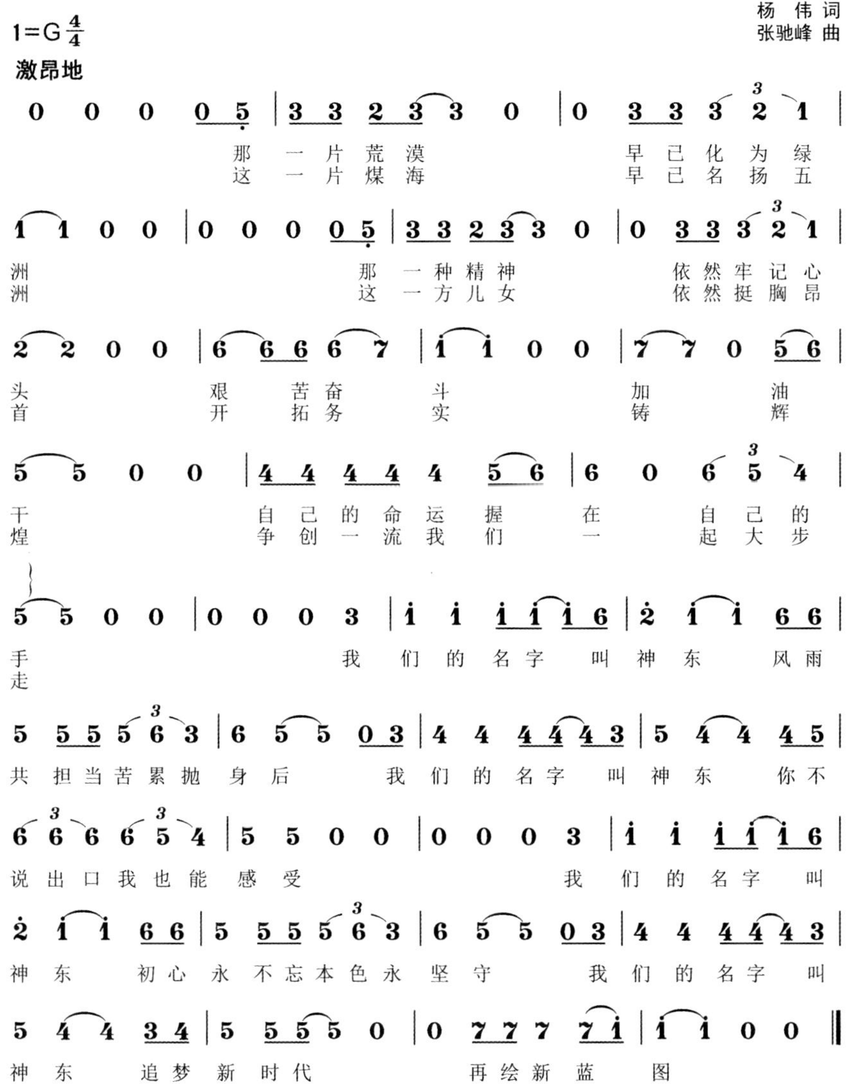

我们的名字叫神东

杨 伟词
张驰峰曲
激昂地
那一片荒漠 早已化为绿洲 那一种精神 依然牢记心头 艰苦奋斗 加油干 自己的命运握在自己的手
这一片煤海 早已名扬五洲 这一方儿女 依然挺胸昂首 开拓务实 铸辉煌 争创一流我们一起大步走
我们的名字叫神东 风雨共担当苦累抛身后 我们的名字叫神东 你不说出口我也能感受
我们的名字叫神东 初心永不忘本色永坚守 我们的名字叫神东 追梦新时代 再绘新蓝图

05

精品舞蹈欣赏

精品舞蹈节目:《绿水青山美》

编创人员

作曲：李晓光　编舞：孙娅

精品舞蹈节目

图片来源：国能神东煤炭新闻中心

作品简介

作品由企业文化中心员工自编、自演，将古筝演奏和舞蹈演绎相结合，推出绿色生态、和谐人文相交互融的《绿水青山美》，旨在践行习近平总书记提出的“绿水青山就是金山银山”理念，传递出神东人“产环保煤炭、建生态矿区 ”的价值理念。

精品舞蹈节目:《影子舞》

编创人员

呼延铺杰

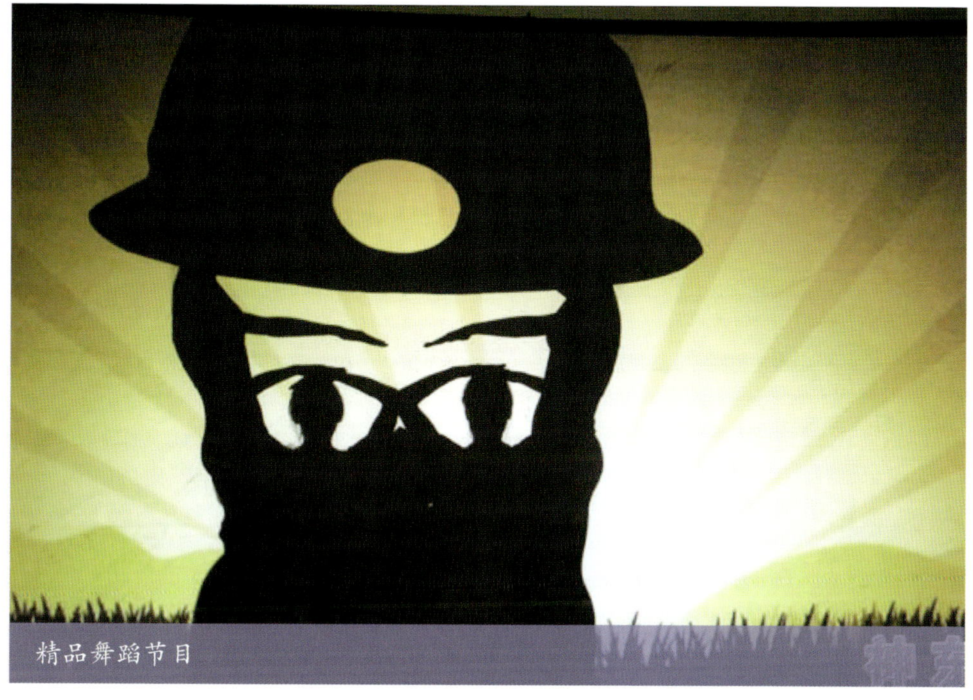

图片来源：国能神东煤炭新闻中心

作品简介

作品曾在2014年公司“反‘四风’、守红线、保安全”文艺基层巡演中演出。作品创作历时三个月，演员通过肢体在光影作用下展现出神东生产与生活的画面。

精品舞蹈节目：《红湖雁归来》

编创人员

段红飞、康小刚、孙娅、延安演艺集团

精品舞蹈节目

图片来源：国能神东煤炭企业文化中心

精品舞蹈节目

图片来源：国能神东煤炭企业文化中心

作品简介

近年来，地方积极践行“绿水青山就是金山银山”的理念，通过生态修复和环境保护，神木红湖成为全球最大的濒危鸟类遗鸥繁殖与栖息地，有多达53种受国家保护的各类珍禽在这里生息。作品展现了生态恢复后烟波浩渺的红湖之上百鸟翩跹、和乐齐鸣、与蓝天白云交相辉映的美好画卷。作品在2016年神木春晚、榆林春晚，2017年伊金霍洛旗宣传党的十九大精神神东专场文艺晚会上演出，在2017年7月陕西省职工文化艺术节“延长杯”舞蹈决赛中获奖。

精品舞蹈节目:《鼓舞神东》

编创人员

呼延铺杰、段红飞

精品舞蹈节目

图片来源：国能神东煤炭新闻中心

作品简介

作品曾在神东公司2012年元宵晚会上演出。

精品舞蹈节目:《神东之恋》

编创人员

呼延铺杰

精品舞蹈节目

图片来源：李媛、杜亮、姚玉娟

作品简介

作品曾在2010年神东春晚上演出，以双人舞的形式表现了两位年轻人在神东这片热土上奋斗并收获了美好爱情的故事。

精品舞蹈节目：《花式篮球》

编创人员

芦娜娜

精品舞蹈节目

图片来源：国能神东煤炭新闻中心

作品简介

作品将街舞与篮球完美结合，创作与表演人员均来自基层的神东矿工。他们在岗位奉献的同时，也有着丰富多彩的业余爱好，展现了神东员工积极向上、健康阳光的精神风貌。

精品舞蹈节目:《中国式过马路》

编创人员

呼延铺杰

精品舞蹈节目

图片来源：国能神东煤炭新闻中心

作品简介

作品以诙谐幽默的风格、讽刺的手法抨击不遵守交通规则的现象，弘扬遵守公序良俗的美德。

精品舞蹈节目:《飞天》

节目来源

2008年央视春晚节目

精品舞蹈节目

图片来源：国能神东煤炭新闻中心

作品简介

为了让员工群众身在偏远矿区也能感受到精彩的节目，作品以自创道具的方式把美轮美奂的央视春晚节目《飞天》近距离展现在了矿区舞台上，送到了矿区员工群众身边。

精品舞蹈节目:《领跑者》

编创人员

李美、段红飞

精品舞蹈节目

图片来源：国能神东煤炭新闻中心

作品简介

作品阐释了“创百年神东，做世界煤炭企业领跑者”的神东愿景，表达了一线工作人员追求卓越、一丝不苟的工作态度，以及勇于实现梦想的决心和信心。

精品舞蹈节目:《走出沼泽》

节目来源

央视精品舞蹈

精品舞蹈节目

图片来源：国能神东煤炭新闻中心

精品舞蹈节目

图片来源：国能神东煤炭新闻中心

作品简介

为了让员工群众身在偏远矿区也能感受到精彩的节目，作品把描述红军长征故事的舞蹈《走出沼泽》近距离展现在了矿区员工群众面前。

精品舞蹈节目：《和谐神东美家园》

编创人员

李美

精品舞蹈节目

图片来源：国能神东煤炭新闻中心

作品简介

作品曾在2014年公司“反‘四风’、守红线、保安全”文艺基层巡演中演出。作品以群舞和快板相结合的表演方式宣传“守住红线意识、依法合规治企、建设和谐神东”的理念。

精品舞蹈节目：《神东铁军》

编创人员

物资供应中心员工

精品舞蹈节目

图片来源：国能神东煤炭新闻中心

作品简介

作品曾在"'壮丽七十年 奋斗新时代'神东煤炭集团庆祝新中国成立70周年"文艺汇演中演出。作品充分展现了神东人在困难面前无惧无畏、勇往直前的拼搏精神。

后记

优秀的企业文化是企业持续发展的精神支柱和动力源泉，是企业核心竞争力的重要组成部分。神东文化建设史就是一部我国煤炭行业踔厉奋发、砥砺奋进、改革发展奋斗史的缩影。党的十八大以来，神东在集团党组的坚强领导下，创新推动文化建设，积极进行理论研究，认真编写文化案例，精心打造文化品牌，用心创研文化文艺作品，涌现出了一系列文化建设成果。为更好地传承神东精神、彰显神东价值、凝聚神东力量，为神东高质量发展提供精神动力和文化滋养，神东编撰出版了“国能神东煤炭企业文化建设系列丛书”。这套集理论性、实践性于一体的企业文化建设系列丛书，不仅是对神东三十多年来文化建设取得成绩的全面梳理总结，更是讲好神东故事，展示神东形象、传递神东价值的重要载体。

“国能神东煤炭企业文化建设系列丛书”第一册《思想盛宴——理论篇》，集中收录了党的十八大以来公司各部门、各单位的文化思考践行者对于神东企业文化建设的理论探索、课题研究及实践经验总结，为神东企业文化建设工作者在实践工作中提供了理论依据和方法指导。第二册《行动印证——案例篇》总结编写了自2019年神东创领文化“双维度”践行模式发布以来，公司及各单位文化与管理深度融合最新、最具有价值的特色文化案例，在各单位文化践行与日常管理的深度结合方面，具有很强的指导和示范作用。第三册《绽放美好——品牌篇》从文化践行、文化惠民和文化传播三个角度，呈现了近年来神东在文化品牌建设方面的工作成果，为读者提供了一个深入了解神东文化的窗口，向社会传递了神东富有生命力的文化品牌。第四册《原创力量——文艺作品篇》用艺术的方式、优秀的作品唱响神东人爱党爱国、砥砺奋进、积极向上的良好形象，弘扬神东精神，传播神东声音。第五册《神东文韵——传统文化作品篇》用中华优秀传统文化作品表达对伟大祖国的热爱之情，彰显一代又一代神东人艰苦奋斗、开拓务实、争创一流的企业精神。

本套丛书从大纲拟定到编辑出版，经过多次反复斟酌、修改，部分文章更是几易其稿，同时邀请了经验丰富的外部专家进行指导，不仅注重丛书的可读性和实用性，更注重对神东企业文化的精准表达和传播。在策划和撰写过程中，得到了神东各级领导和广大员工的大力支持和积极参与。企业文化中心作为牵头编写单位，多次协调组织专题会议围绕章节分类、文稿撰写、作品选取等进行讨论、修改、完善，多次对全书样稿进行了逐字审核校对。各单位、各部门深度参与丛书的编写创作过程，奉献了丰富的一手资料和文字素材。神东矿区书画协会、摄影协会积极配合，认真筛选、提供文艺作品和传统文化作品。新闻中心相关人员积极参与了书稿的编辑润色和图片的筛选提供。煤炭技术研究院给予了很多技术服务支持。正是大家各尽所能、同心合力，无怨无悔地付出，使得丛书得以顺利出版。

可以说，本套丛书是全体参与者集体智慧和共同劳动的结晶。借此机会，对丛书编写过程中提供了大力支持、帮助的各方面领导、专家，相关部门和单位，以及参与编写的全体工作人员，一并致以深深的感谢！

本套丛书编辑历时一年多，规模达一百多万字。受编写水平所限，书中不当、不周之处在所难免。诚恳欢迎各位领导、专家学者和广大读者批评指正，以便我们更好地改进和提升，共同推动神东企业文化建设再结累累硕果。

编者

为矿工放歌

为矿区抒情

为矿井记录